J. Schneer, Stein Nordheim

Der Vesuv und seine Geschichte

Von 79 n. Chr. bis 1894

J. Schneer, Stein Nordheim

Der Vesuv und seine Geschichte
Von 79 n. Chr. bis 1894

ISBN/EAN: 9783743360181

Hergestellt in Europa, USA, Kanada, Australien, Japan

Cover: Foto ©ninafisch / pixelio.de

Manufactured and distributed by brebook publishing software (www.brebook.com)

J. Schneer, Stein Nordheim

Der Vesuv und seine Geschichte

Der VESUV und seine Geschichte

von 79 n. Chr. bis 1894

von DR. J. SCHNEER, Pract. Arzt in Neapel, und VON STEIN-NORDHEIM

Herrlich bist du Natur,
Doch entsetzlich im Zorn;
Beugest vor dir in den Staub
Zitternd du Menschen und Thier.

LEIPZIG 1895.

Preis: frcs 1.50.

DER VESUV

UND SEINE GESCHICHTE von 79 n. Chr. — 1894

VON

D.R J. SCHNEER
(Pract. Arzt in Neapel)

UND

VON STEIN-NORDHEIM

Mit zahlreichen Illustrationen, entnommen zeitgenössischen Werken

> Herrlich bist du Natur
> Doch entsetzlich im Zorn
> Beugest vor dir in den Staub
> Zitternd du Menschen und Tier.

Ansicht des Vesuvs

ALLE RECHTE VORBEHALTEN

Napoli -- R. Tipografia Giannini
Cisterna dell' Olio, casa propria

Gewidmet dem Reisenden, der mit forschendem Auge vor den Wundern der Natur steht.

D. Verf.

Palazzo du Mesnil 5, Corso Umberto
Neapel   April 1895.

EINE BESTEIGUNG DES VESUVS AUS FRÜHERER ZEIT
Bild 1.

DAS OBSERVATORIUM
Bild 2.

EINGANG

Das erste meteorologische Observatorium gegründet zu haben ist das grosse Verdienst des Königs Ferdinand II von Neapel.

Da man annahm, dass die atmosphärischen Veränderungen, durch die Nähe eines thätigen Vulkanes beeinflusst würden, wählte man, den zum Vesuv gehörigen Hügel « Monte Canteroni, » welcher 600m hoch, 1 klm. vom Vesuvskegel und 2 klm. vom Mittelpunkt des Vesuvskraters entfernt ist, als Platz aus, um ein solches Institut zu errichten. Nach Entwürfen des Ingenieurs Gaetano Fazzini wurde mit dem Bau des sehr schönen Gebäudes im Jahre 1841 begonnen. Derselbe ward im Jahre 1847 vollendet. Allein, die damals herrschenden politischen Wirrnisse verhinderten die Eröffnung des Institutes. Dasselbe wurde daher erst im Jahre 1855 der Leitung des Prof. Luigi Palmieri unterstellt und der Oeffentlichkeit übergeben.

Dieser, weit über die Grenzen seines Vaterlandes hinaus gekannte und geschätzte Mann hat seit nunmehr 40 Jahren, die daselbst gemachten Beobachtungen mit unermüdlichem Eifer geleitet und ist es ihm allein zu verdanken, dass das ursprünglich nur meteorologische Institut, ein Observatorium geworden ist zur Beobachtung für die vulkanischen Erscheinungen. Mochten Lavaströme den Sitz der Wissenschaft bedrohen, Aschen, Steinregen, erstickende Dämpfe das Leben gefährden, dieser treue Sohn der Wissenschaft hielt, einem Feldherrn auf dem Schlachtfeld gleich, unerschrocken und kühn auf den ihm anvertrauten Posten aus: Mit grösster Sorgfalt beobachtete er die verschiedenen Phasen des Vesuvs, ebensowohl vor als während und nach seinen Ausbrüchen und bilden seine wertvollen Aufzeichnungen und Beobachtungen manchen Grundstein beim Aufbau der vulkanischen Theorien.

Trotzdem das Institut nur sehr spärlich dotirt ist, so ist es doch, dank des unermüdlichen Eifers seines Direktors mit den nöthigen, wertvollen Instrumenten versehen. Wir heben hier, als den Leser wahrscheinlich besonders interessierend, nur hervor: den electromagnetischen Seismographen und den bifiliaren Electrometer, (beides Erfindungen Palmieris).

Ersterer verzeichnet in genauer Weise mit Richtungs und Zeitangabe die leisesten Erdschwankungen, während der zweite die Electricität in der Atmosphäre bemisst, was besonders während stattfindender Ausbrüche von Wichtigkeit ist. Das Institut besitzt ferner eine reiche Bibliothek und eine von 1855 an gesammelte Aschen und Mineraliensammlung. Die Zahl, der, bei den verschiedenen Ausbrüchen, ausgeworfenen Mineralarten wurde bis jetzt auf 70 festgestellt. Unter diesen finden sich verschiedene, welche ausschliesslich hier gefunden werden.

Das Hauptmaterial aus welchem die obere Sommahälfte und der Vesuv gebildet ist, wird als Leucitophyr-Vesuvstein bezeichnet. Dasselbe ist ein schwärzlichgraues Gestein in dessen Poren und Zellen sich, für das unbewaffnete Auge, theils sichtbar, theils unsichtbar, die verschiedensten Mineralien eingeschlossen finden. Eine eigene Erscheinung des Vesuvs sind die bombenartigen, Auswürflinge auch Findlinge genannten, Kalkeinschlüsse von circa Kopfgrösse mit gerundeter Oberfläche. Dieselben finden sich im grauen Tuff des Sommaringes verborgen. Bei anhaltendem Regen werden sie aus dem lockeren Tuff herausgewaschen und gelten als werthvolle Funde für die emsig nach ihnen suchenden Mineralienhändler. In ihrem hohlen Innern finden sich flächenreiche, glänzende, farbige Krystalle eingeschlossen.

Da bei den neueren Eruptionen derartige Kalkauswürflinge nicht ausgeschleudert worden sind, so nimmt man an, dass dieselben nur der älteren vulkanischen Thätigkeit des Vesuvs angehören.

Das zweite Hauptmineral des Vesuvs ist, der fast unschmelzbare Leucit. Derselbe kommt als weisse rundliche Körner fast in jeder Vesuvslava vor.

Besonders hervorgehoben müssen ferner noch werden: der dunkelgrüne, achtflächige Prismen bildende Augit, sowie der Sodalith. Letzterer bekleidet häufig die Innenflächen der Lavahohlräume.

Die Apparate und Sammlungen des Observatoriums werden den Besuchern in zuvorkommendster Weise gezeigt und erklärt. Das Universitätsmuseum in Neapel besitzt eine hochinteressante, reichhaltige Vesuvsmineraliensammlung, dieselbe ist Dienstag, Donnerstag, Sonnabend von 10-2 Uhr geöffnet. Eintritt unentgeltlich.

Da in den nachstehenden Blättern Ausdrücke vorkommen könnten, welche einigen Lesern unverständlich seien dürften, so mögen hier einige diessbezügliche Erklärungen folgen.

Rauch: derselbe entströmt ebensowohl den Eruptionsöffnungen, als wie der heissen Lava. Er ist häufig, bei Anfang und Ende eines Ausbruches von Chlorsäure und Schwefelwasserstoff begleitet. Finden zu dieser Zeit Regengüsse statt, so nimmt das Wasser diese Gase auf und wirkt alsdann so ätzend, dass es die Pflanzen, welche es berührt, vernichtet. Sobald der Ausbruch seine Vollkraft erreicht hat verschwinden diese Gase wieder.

Lava: dieselbe bildet das Hauptelement der Vesuveruptionen. Lava ist eine durch Feuer oder Wasser in flüssigen Zustand versetzte, mineralische Masse, welche dem thätigen Vulkan entströmt.

Ihr Hitzgrad ist an den Ausflusstellen circa 1000° Centig. Die Lava ist bis zu 700° flüssig; bei Rotglut ist sie nur noch biegsam und bildet erkaltend eine der härtesten und sprödesten Massen. Die Laven der verschiedensten Vulkane sind alle aus den gleichen Elementen wie: Siliciate, Eisen, Alluminium, Kupfer, Blei, Kalk, Natron, u. s. w. zusammengesetzt, und unterscheiden sich untereinander nur durch die verschiedenen Krystalle, die sie enthalten. Das langsamere oder schnellere Fliessen der Lava hängt ab, von der Stärke des Ausbruches, von dem Hitzgrad der Lava, sowie von dem abfallenden oder ansteigenden Weg, den sie eingeschlagen hat.

Lavagänge: im Innern der Vulkane bilden sich bei Eruptionen Spalten, in welche, Lava eindringt und wenn die Spalten nach Aussen klaffen oder bis zur Kegeloberfläche reichen, wieder herausquillt, dagegen wenn die Spalten sich auf das Innere des Berges beschränken in denselben gepresst erkaltet und somit eine Spaltenausfüllung — die sogenannten Lavengänge bildet.

Asche: Vesuvsasche ist feinster Staub in verschiedenen Farben. Dieselbe ist häufig mit Sublimationen durchzogen, die sich jedoch durch Waschen auflösen. Die zurückbleibende Asche dagegen erweist sich gleichartig mit Lava, so dass sie als Lavastaub bezeichnet werden kann.

Bomben: sind Fragmente alter Laven, welche von frischer Lava umhüllt in theils runden, theils ovalen Formen mit grosser Gewalt vom Vulkan ausgeschleudert werden.

Projectile: sind glühende noch breiige Lavafetzen, welche Feuerfunkengleich den Rauch und die Luft durchfliegen.

Lapilli: sind kleine Schlacken, die in grossen Massen vom Berge ausgeworfen werden. Sie sind verschiedenartig an Gehalt. So z. B. ist Pompeji zum grossen Theil unter Lapilli, der hauptsächlich aus Bimstein besteht, begraben. Der bei späteren Ausbrüchen vorkommende Lapilli unterscheidet sich ebensowohl in Farbe, als Gehalt, von dem pompejanischen, sogenannten schwarzen Lapilli. Er wird gewöhnlich als weisser Lapilli bezeichnet und viel beim Bauen zu Ausfüllungen benutzt.

Bocche: heissen die Oeffnungen aus denen der jeweilige Aschen, Stein, Rauch oder Lavaausbruch stattfindet.

Fumarolen: sind Spalten in der Lava, aus denen Rauch entsteigt. Sie bilden das Bindeglied zwischen der erkalteten Oberfläche und dem noch glühenden Untergrund.

Ihre kürzere oder längere Lebensfähigkeit, (Fumarolen arbeiten manchmal nur Tage und Wochen, andere wieder Monate ja Jahrelang) hängt von der Dicke der Lava, auf der sie sich gebildet haben, ab. Ihre Ausdünstungen haben Anfangs einen neutralen Charakter, der sich je nach der Dauer ihrer Lebensfähigkeit ändert. Man bemerkt bei denselben zuerst Salzsäure später Schwefelsäure und zuletzt Schwefelwasserstoff. An den Fumarolenrändern finden während der neutralen Periode, Ablagerungen von Kochsalz, Kupferoxyd und unter bestimmten Verhältnissen auch von Salmiak statt.

Da eine längere Darlegung über die Ablagerungen, sowie chemischen Bestandteile der Fumarolen hier zu weit führen würde, so verweisen wir den Leser, welcher darüber genaue Erklärungen wünscht auf diessbezügliche Fachschriften, S. letz Seite.

Mopheten: darunter werden Ansammlungen von Kohlensäure verstanden. Nach grösseren Ausbrüchen finden sich solche häufig an den Abhängen des Vesuvs.

Sie haben auf Menschen und Tier tödtliche Wirkung. Wenn sich Mopheten zwischen Pflanzenwurzeln ansammeln, sterben dieselben ab.

Moos: Lichen Vesuviana ist eine graue Moosart, die sich an der Lava bildet und damit das erste Zeichen, der wieder erwachenden Lebensfähigkeit des darunter liegenden Bodens, giebt. Das Lichen zeigt sich am reichlichsten an Schlackenlava, welche ehemalig bebautes Land bedeckt. Das Moos erscheint zuerst 5-8 Jahre nach oberflächlicher Erkaltung der Lava.

Wenn es sich auch hier nicht um eine wissenschaftliche Arbeit für Fachgelehrte, sondern nur um eine Zusammenstellung interessanter Begebenheiten für einen allgemein gebildeten Leserkreis handelt so erforderte trotzdem, diese an Umfang so kleine Arbeit eingehendes Studium der sehr reichen Vesuvsliteratur und fügen wir zur Orientirung des Lesers ein Verzeichniss bei, der Werke und Schriftsteller, (an Zahl über 70) welche zu dieser Abhandlung benutzt worden sind.

DIE GESCHICHTE
DES VESUVS

Wohl Jeder, der zum erstenmale Neapel besucht, sieht mit Ungeduld dem Augenblick entgegen, da sein Auge den Vesuv, den einzigen noch thätigen Vulkan unseres europäischen Festlandes erblicken wird. Wie ernst, wie geheimnissvoll wirkt sein Anblick auf den fernen Beschauer. Die weisse Rauchsäule auf dem Gipfel hebt sich der Vesuv mächtig von dem lichten Horizonte ab und bildet einen tief ernsten Hintergrund zu den fruchtbaren Gefilden, dem blauen Meere, und dem lachenden Neapel, das gleichsam seinem Drohen spottend; ihm zu Füssen liegt.

Wenn bei eintretender Nacht die Rauchsäule von Feuer durchglüht, bald einem Riesenstern, bald einer Feurgarbe, bald einer Flammenkrone gleich, den Bergesgipfel schmückt, plötzlich verschwindet dann mit verdoppelter Gluth wieder auftaucht, und dazu, Lavaströme den Bergesseiten entquillen, und den Berg mit Feuerbändern umgürten, dann wird wohl Jeder mit innerem Schauern vor diesem Schauspiel stehen und mit forschendem Auge die rothe Gluth betrachten, welche weithin in die Ferne leuchtend, in, für uns unverständlichen Worten, von dem geheimnissvollen Feuerheerd redet, der, seit ewigen Zeiten in den unergründbaren Tiefen unseres Erdballes brennt.

Unzähligemale schon hat der Feuerberg gezürnt und über die Umwohner Jammer und Entsetzen verhängt. An der Hand der Chroniken und Schriftsteller der verschiedensten Jahrhunderte können wir ihn zurückbegleiten bis zu dem Schreckensjahre 79 n. Chr. wo, wie, wir den zeitgenössischen Autoren entnehmen, er, aus langem Zauberschlaf erwachend, plötzlich seine Feuermassen ergoss, blühende Städte vernichtete und unter seinen Aschenregen und Wasserfluthen begrub.

Ist es nun Folge seiner äusseren Gestaltung, oder Ergebniss von Ueberlieferung, jedenfalls steht fest, dass alle antiken Schriftsteller, welche, wie Strabo, Diodorus von Sicilien, Dio Cassius, Lucretius, Vitruvius, Sueton u. a. m. den Vesuv erwähnen, denselben als früheren Vulkan bezeichnen.

So schreibt Diodorus (z. Z. Julius Cäsars), dass der Vesuv wohl dem Aetna gleich früher Feuer gespieen habe. Strabo sagt, dass der Vesuv ein von trefflichen Feldern umgebener Berg sei, dessen Gipfel dagegen flach, aschenfarbig, zum grösstentheil steril, mit russigen Steinen und zerissenen Klippen bedeckt sei; woraus man schliessen müsse, dass der Berg ehemalige Feuerschlünde gehabt habe, welche in Folge von Stoffmangel erloschen seien. Betrachtet man nun die Form des Berges, das Material aus dem er besteht, die Lavaadern, welche die Seitenwände des Kraters durchziehen, so muss man zur Schlussfolgerung kommen, dass schon früher hier ein Vulkan bestanden hat. Betrachtet man nun ferner noch die Formationen des Sommas mit den, in denselben sich vorfindenden, versteinerten Seemuscheln, sowie die, an den erratischen Blöcken, noch sehr gut erhaltenen Metamorphosen, so muss man weiter schliessen, dass dieser Vulkan in prähistorischer Zeit vom Meere bedeckt war und dass, das Feuer sich auf dem Meeresgrunde zwischen den Klippen eine Strasse gebahnt und einen Ausweg geschaffen hatte. Weiter werde hier erwähnt, dass obgleich erst vom Ausbruch i. J. 512 n. Chr. an, Lavaströme erwähnt werden, dennoch Pompeji auf einem alten Lavastrom erbaut ist und seine sämtlichen Strassen mit Vesuvslaven gepflastert sind, sowie, dass man in Herkulanum, auf, unter der Stadt liegende Fundamente gestossen ist, aus denen man sieht, dass sich unter dem alten Herkulanum Ueberreste einer noch älteren Stadt finden, welche möglicherweise gelegentlich einer vorgeschichtlichen Eruption zu Grunde gegangen ist. Unzweifelhaft ist es, dass der Vesuv eine vorgeschichtliche Thätigkeit aufzuweisen hat. Dieselbe war von langer Ruhepause gefolgt, welche mit dem Jahre 79 n. Chr. unterbrochen wurde. Mit diesem Zeitpunkt brach für dem Vesuv eine neu Aera an, von welcher an er beobachtet worden ist. Gehen wir nun zur Betrachtung seiner äussern Gestalt über. Von Neapel, sowie von der Strasse, welche nach dem Observatorium führt, aus, gesehen, erscheint der Vesuv als ein Zwillings oder richtiger gesagt doppelgipfliger Berg, dessen Gipfeltheilung 700 meter über d. Mh. stattfindet. Dem zur Rechten des Reisenden bleibenden Gipfel entsteigt gewöhnlich eine Rauch und häufig eine Feuersäule. Dieser Gipfel ist es, der im engeren Sinne des Wortes als *Vesuv* bezeichnet wird, während der andere in der allgemeinen Sprache *Somma* genannt wird. Der Name

Vesuv, wohl aus dem Griechischen βεσβίος herzuleiten (Galen schreibt Vespius) würde schon die vulkanische Natur des Berges andeuten.

Der Vesuv hat die Gestalt eines Kegels. Derselbe ist aus Sand und Lava gebildet. Der Somma besteht auf der Seite, welche nach dem Vesuv hin sieht, aus fast senkrechten Felsen, die von Westen nach Osten den Vesuvskegel im Halbkreis umgeben; seine äussere Seite dagegen ist statt dessen nur mässig abfallend und reich an üppiger Vegetation.

Um sich von der ursprünglichen Gestalt des Sommas einen Begriff zu machen, muss man sich den Vesuv hinwegdenken und wird sich alsdann das Bild vergegenwärtigen können, welches uns den Vesuv-Somma zeigt, wie ihn uns Strabo als flachgipfligen damals nicht thätigen Vulkan schildert.

DER VESUV ZU SPARTAKUS UND STRABOS ZEITEN

Bild 3.

Nach diesem nun, würde der von Strabo beschriebene Gipfel, den fast ebenen Grund des weiten Kraters bilden, der, als der neue Kegel entstand zum grossen Theil erhalten blieb. Der neue Kegel war von einer fast ebenen Zone umgeben, welcher im Laufe der Zeit, die verschiedensten Namen verliehen worden sind.

Einige Geologen stellen, gestützt auf Diones Cassius Ausspruch, die Behauptung auf, dass der Kratersaum früher ringsum gleich hoch gewesen sei. Abgesehen nun von allen Gründen, welche gegen diese Annahme sprechen, genügt es, an Spartakus und seine Gefährten 79 v. Chr. zu erinnern. Wie wir wissen, führte der Aufrührer Spartakus den genialen Anshlag aus, sich mit seinen Genossen an, aus wilden Weinreben gebundenen, Seilen, in den Krater herunter zu lassen und denselben durchlaufend, das, am Fusse des Sommas gelegene, Feindeslager zu überfallen. Wäre nun der Kratersaum ringsum gleich hoch gewesen, so hätte Spartakus diesen kühnen Plan nicht ausführen können, indem er sich im Krater wie in einem Kessel eingeschlossen gefunden haben würde, statt, wie er, der Geschichte nach, gethan hat, einen Ausweg aus demselben zu finden.

Jedenfalls steht fest, dass alle antiken Schriftsteller den Vesuv nur als Einzelberg bezeichnen und daher sein Doppeltgipfel erst später entstanden seien kann.

Wir müssen annehmen, dass der jetzt als Vesuv bezeichnete Kegel erst (wenn auch nicht in seiner jetzigen Grösse) im Jahre 79 n. Chr., als für den Vesuv die neue Thätigkeitsaera anbrach, entstanden ist. Aus einer Beschreibung des G. Agricola vom Jahre 1545 . . . .
« der linke Theil (Somma) ist höher und spitzer, der rechte Kegel (Vesuv) niedriger und breiter und erscheint daher als doppelarmig... » ersehen wir weiter, dass der Vesuv in früheren Zeiten niedriger als der Somma war.

Der erste uns bekannte Ausbruch fällt in das Jahr 79 n. Chr. unter der Regierung des Kaisers Titus.

Wir besitzen eine ergreifende Beschreibung dieses schrecklichen Naturereignisses, durch welches drei blühende Städte vernichtet wurden, in den Briefen des damals 18 jährigen Plinius des Jüngeren und lassen dieselben hier folgen.

AUSBRUCH 79 N. CHR.

Bild 4.

I.

C. Plinius an Tacitus.

Du ersuchst mich, dir über das Ende meines Oheims zu schreiben, um es der Nachwelt desto getreuer überliefern zu können. Ich danke dir, denn ich weiss, dass seinen Tod, wenn du ihn schilderst, unsterblicher Ruhm erwartet, denn obgleich er unter den Trümmern der schönsten Landstriche umkam, und wie Völker, wie Städte, durch diesen merkwürdigen Unfall gleichsam ewig leben wird; obgleich er selbst sehr viele und bleibende Werke verfasst hat, so wird doch die Unsterblichkeit deiner Schriften viel zu seiner Verewigung beitragen. Ich erachte Diejenigen für glücklich, denen es durch der Götter Huld bescheert ist, zu thun, was des Niederschreibens, oder zu schreiben, was des Lesens werth ist, für die Glücklichsten aber Die, denen beides zu Theil wurde. Diesen wird mein Oheim durch seine und deine Schriften beizuzählen sein. Um so bereitwilliger unterziehe ich mich also deinem Auftrage, ja, ich bitte dich sogar darum. Er

befand sich zu Misenum 1), wo er die Flotte in Person befehligte.
Am 23. August, ungefähr um ein Uhr Nachmittags, meldete ihm
meine Mutter, es zeige sich eine Wolke von aussergewöhnlicher
Grösse und Gestalt. Er hatte sich in der Sonne ergangen, dann kalt
gebadet, auf dem Esspolster liegend Etwas genossen und studirte.
Er forderte seine Sandalen, stieg auf eine Anhöhe, von wo aus man
die wunderbare Erscheinung am besten betrachten konnte. Die Wolke
stieg auf — von welchem Berge, war aus der Ferne nicht genau zu
unterscheiden; dass es der Vesuv war, erfuhr man erst nachher—:
sie sah ihrer ganzen Gestaltung nach nur einem Baume, und zwar
einer Fichte gleich. Sie hob sich nämlich, wie mit einem sehr langen
Stamme, empor und zertheilte sich dann in verschiedene Aeste;
wahrscheinlich verlor sie sich in die Breite, weil sie durch den frischen Luftstoss [zuerst] in die Höhe getrieben, sodann, als dieser
an Kraft abnahm, oder durch ihr eigenes Gewicht wieder herabge-
drückt wurde. Sie erschien zuweilen glänzend weiss, dann wieder
schmutzig und fleckig, je nachdem sie Erde oder Asche mit sich
führte. Wichtig und näherer Untersuchung werth erschien ihm, als
einem so gelehrten Manne, die Sache. Er gab Befehl, eine leichte
Yacht in Bereitschaft zu setzen; mir stellte er es frei, ihn zu be-
gleiten, wenn ich Lust hätte. Ich erwiderte: ich wolle lieber studiren,
und zufälligerweise hatte er selbst mir Etwas zu schreiben aufge-
geben. Er trat eben aus dem Hause, als er ein Schreiben erhielt. Das
Schiffspersonal zu Retina 2), durch die drohende Gefahr erschreckt —
denn das Oertchen lag am Fusse des Berges, und man konnte sich
nur zu Schiffe retten — bat ihn, sie doch einer so grossen Gefahr zu
entreissen. Er änderte nun seinen Plan, und was er als Gelehrter
begonnen hatte, verfolgte er mit Heldenmuth. Er lässt Vierruderer
unter Segel gehen, geht selbst an Bord, um nicht nur Retina, sondern
auch noch vielen Anderen — denn die Küste war ihrer Anmuth
wegen sehr bevölkert — Hilfe zu bringen. Er eilt dahin, von wo
Andere entfliehen, und steuert in gerader Richtung der Gefahr zu,
so sehr aller Furcht baar, dass er alle Bewegungen, alle Gestalten
dieser unglückseligen Erscheinung, wie sie sich seinen Augen dar-
stellten, dictirte und aufzeichnen liess. Bereits fiel Asche in die Schiffe,
und je näher er hinzukam, desto heisser und dichter; schon auch
Bimsteine und schwarzes, ausgebranntes und von Feuer zerbröckel-

---

1) Ein Vorgebirge, nebst gleichnamiger Stadt und Seehafen in Campanien. Der
Name soll von Misenus, einem der Begleiter des Aeneas, dem dieser daselbst ein
Grabmal errichtete (Virgil Aen. 6, 234) seinen Ursprung haben.
2) Ein kleiner Ort in der Bai von Neapel, jetzt Resina.

tes Gestein. Jetzt zeigte sich plötzlich eine Untiefe, und der Schutt vom Berge her machte das Ufer unzugänglich. Er bedachte sich eine kurze Weile, ob er zurücksteuern solle; bald aber sagte er zu dem Steuermann, welcher ihm dieses anrieth: « Frisch gewagt ist halb gewonnen 1), fahre zu, Pompejanus! » Dieser war zu Stabiä 2) auf der entgegengesetzten Seite der Bucht; denn das Meer tritt hier in das allmälig sich krümmende und herumziehende Ufer hinein. Obgleich hier die Gefahr noch nicht so nahe war, hatte man sie dennoch vor Augen, und wenn sie zunahm, war sie ganz nahe. Er hatte daher sein Gepäck in das Schiff schaffen lassen, fest entschlossen, zu fliehen, sobald der widrige Wind sich gelegt haben würde. Als mein Oheim, welchem derselbe im höchsten Grade günstig war, gelandet hatte, umarmt er den Zitternden, tröstet und ermuntert ihn; und um dessen Furcht durch seine eigene Furchtlosigkeit zu lindern, liess er sich in's Bad bringen, legte sich nach dem Bade zu Tische, speiste heiter, oder, was eben so gross ist, [wenigstens] mit der Miene eines Heitern. Indessen leuchteten aus dem Berge Vesuv an mehreren Stellen weithin sich ausbreitende Flammen und hohe Feuersäulen, deren Glanz und Helle durch das Dunkel der Nacht noch erhöht wurde. Um der Furcht zu steuern, sagte er, es seien diess die Bauernhöfe, welche von den Landleuten in der Angst verlassen und dem Feuer preisgegeben worden seien und jetzt leer daständen und brennten. Hierauf begab er sich zur Ruhe und genoss wirklich eines ganz festen Schlafes; denn sein Athemholen, das wegen seines starken Körpers etwas schwer und schnarchend war, wurde von den Leuten, welche sich vor der Thüre seines Gemaches befanden, vernommen. Allein der Hof, von dem aus der Zugang in das Zimmer führte, war bereits von mit Bimsteinen vermischter Asche so hoch angefüllt, dass ihm, wenn er noch länger in dem Schlafgemache verweilt hätte, das Herauskommen nicht mehr möglich gewesen wäre. Man weckte ihn; er ging heraus und begab sich zu Pompejanus und den Anderen, welche wach geblieben waren. Sie beriethen sich gemeinschaftlich, ob sie im Hause bleiben, oder im Freien herumgehen wollten. Denn die Häuser wankten von den vielen und heftigen Erdstössen, und wie wenn sie aus ihrem Grunde gehoben wären, schienen sie sich bald von der Stelle zu bewegen, bald wieder

---

1) Fortes Fortuna juvat, wörtlich: den Muthigen kommt das Glück zu Hilfe.

2) Jetzt Castellamare in der Bai von Neapel, zwischen der Mündung des Sarno und der Stadt Sorrento. Uebrigens ist Stabiä nicht bei diesem Ausbruche des Vesuv, sondern erst 471 n. Chr. völlig verschüttet worden; vgl. Böttiger Sabina IV. S. 34.

an der vorigen zu stehen. Anderseits fürchtete man im Freien das Herabfallen der, wenngleich leichten und ausgebrannten, Bimssteine. Doch wählte man, bei Vergleichung der Gefahren, das Letztere. Und zwar siegte bei ihm ein Grund über den andern, bei den Anderen eine Furcht über die andere. Sie banden sich mit Tüchern Kissen um den Kopf: diess diente zum Schutze wider den Steinregen. Schon war es anderwärts Tag, dort war es Nacht, dichter und schwärzer als [sonst] alle Nächte, doch wurde dieselbe durch viele Fackeln und sonstige Beleuchtung erhellt. Man beschloss, an das Gestade hinauszuziehen, um aus der Nähe zu sehen, ob das Meer befahrbar wäre; dieses blieb aber immer noch wild und ungestüm. Hier legte er sich auf ein hingebreitetes Tuch, verlangte zu wiederholten Malen frisches Wasser und trank. Nun trieben die Flammen und der den Flammen vorausgehende Schwefelgeruch die Anderen in die Flucht: ihn machten sie nur munter. Auf zwei Sklaven gestützt, erhob er sich, sank aber plötzlich wieder nieder; wie ich vermuthe, hatte ihm der dichte Dampf den Athem gehemmt und den Magen gesperrt, der bei ihm ohnediess von Natur schwach und eng war und häufige Krämpfe veranlasste. Als es wieder Tag wurde — es war der dritte nach dem, welchen er zuletzt erblickt hatte—fand man seinen Körper unversehrt, ohne Verletzung und mit derselben Bekleidung, welche er angehabt hatte; das Aussehen seines Körpers war mehr das eines Schlafenden, als eines Todten. Während dessen war ich und meine Mutter zu Misenum. Doch, das gehört nicht zu der Geschichte; du hast ja auch sonst Nichts, als sein Ende, zu wissen verlangt. Ich will also schliessen. Nur das Einzige will ich noch beifügen, dass ich Alles, wobei ich selbst zugegen war, und was ich sogleich, wo man die Wahrheit noch am getreuesten erzählt, vernommen hatte, wahrheitsgemäss aufgezeichnet habe. Du wirst nun das Wichtigste [daraus] ausziehen. Denn etwas Anderes ist es, einen Brief, etwas Anderes, eine Geschichte, etwas Anderes, für einen Freund, etwas Anderes, für das grosse Publikum zu schreiben. Lebe wohl!

II.

C. Plinius an Cornelius Tacitus.

Du sagst, der Brief, den ich dir auf dein Verlangen über den Tod meines Oheims schrieb, habe in dir den Wunsch rege gemacht, zu erfahren, was ich zu Misenum, wo ich zurückgeblieben, nicht blos für Angst, sondern auch für Ungemach ausgestanden habe.

> Wie auch die Seele sich sträubt der Erinnerung — — —
> Dennoch will ich beginnen.

Nachdem mein Oheim fortgegangen war, verbrachte ich die übrige Zeit mit Studiren; denn diess war der Grund meines Zurückbleibens. Hierauf badete ich, speiste und schlief, aber unruhig und nur kurz. Schon mehrere Tage vorher hatte sich ein Erdbeben spüren lassen, was aber eben zu keiner grossen Furcht Anlass gab, weil diess in Campanien etwas Gewöhnliches ist; in jener Nacht aber wurde es so stark, dass Alles nicht nur sich zu bewegen, sondern zusammenzustürzen schien. Meine Mutter stürzte in mein Schlafzimmer; ich stand eben auf, um meinerseits sie zu wecken, wenn sie etwa noch schliefe. Wir setzten uns in den Hof des Hauses, welcher das Meer von den Häusern durch einen mässigen Zwischenraum trennte. Ich bin im Zweifel, ob ich es Unerschrockenheit oder Unüberlegtheit nennen soll, denn ich stand damals erst in meinem achtzehnten Jahre. Ich liess mir das Geschichtswerk des Titus Livius geben und las so gleichsam zum Zeitvertreib darin, auch machte ich mit den begonnenen Auszügen daraus fort. Siehe, da erschien ein Freund meines Oheims, der erst vor Kurzem aus Hispanien zu ihm gekommen war; und als er mich und meine Mutter so dasitzen und mich sogar lesen sah, schalt er sie wegen ihrer Gleichgiltigkeit und mich wegen meiner Sorglosigkeit; ich aber widmete mit nicht geringerem Eifer meine Aufmerksamkeit dem Werke. Es war schon sechs Uhr Morgens, und noch war der Tag nicht recht da und — wenn ich so sagen darf — träge im Werden; da die umliegenden Gebäude bereits heftige Erschütterungen erlitten hatten, so war, da der Platz zwar frei, aber doch beschränkt war, die Furcht vor einem Einsturze gross und wohl begründet. Jetzt erst schien es uns gerathen, die Stadt zu verlassen. Die bestürzte Menge folgte uns nach; sie zog — was in der Angst für Klugheit gilt — fremden Rath dem eigenen vor, und in dichte Haufen geschaart drückte und trieb sie uns im Gehen vorwärts. Als wir die Häuser hinter uns hatten, blieben wir stehen. Vieles [gab es auch hier], was uns staunen, was uns erschrecken machte. Denn die Wagen, welche wir hatten hinausfahren lassen, wurden auf völlig freiem Felde hin- und hergeworfen, und selbst als man Steine unterlegte, blieben sie nicht fest stehen. Und auch das Meer gewährte einen Anblick, als ob es sich selbst verschlänge und durch die Erderschütterung zurückgetrieben würde. Wenigstens war das Gestade weiter vorgerückt, und es befanden sich darauf viele auf dem trockenen Sande zurückgebliebene Seegeschöpfe. Auf der andern Seite zerbarst eine schwarze, schreckliche Wolke, aus welcher geschlängelte Feuermassen nach allen Seiten herauszuckten, und entlud sich in langen Flammenstrahlen, welche Blitzen ähnlich, aber weit grösser waren. Nun führte eben jener Freund aus Hispanien eine heftige und dringendere Sprache: « wenn dein Bruder, wenn dein Oheim noch lebt, so will er euch gerettet wissen; ist er todt, so wollte er [doch gewiss], dass ihr ihn überlebet: was säumet ihr also noch mit der Flucht? » Wir erwiderten: « dass wir so lange nicht an unsere Rettung denken könnten, als wir über die seinige noch in Ungewissheit wären ». Er zögerte nun nicht länger mehr, stürzte fort und entzog sich in raschem Laufe der Gefahr. Nicht lange darauf liess sich jene Wolke auf die Erde herab und bedeckte das Meer. Sie hatte Capreä 1) ringsum eingehüllt und auch das Vorgebirge Misenum unseren Blicken entzogen. Jetzt bat, ermahnte, befahl meine Mutter, ich solle mich, so gut ich könnte, retten; ich sei noch jung und könne es; sie, auf der die Jahre und körperliche Leiden lasteten, wolle gerne sterben, wenn sie nur nicht an meinem Tode schuldig wäre. Ich aber entgegnete, dass ich nur mit ihr mich retten würde; hierauf fasste ich sie bei der Hand und zwang sie ihre Schritte zu beschleunigen. Ungern gab sie nach, sich selbst Vorwürfe machend, dass sie mich aufhalte. Schon fiel Asche doch noch nicht stark. Ich blickte zurück: ein dicker Dampf kam hinter uns her, der uns gleich einem auf die Erde sich ergiessenden Strome nachzog. « Wir wollen ausbeugen », — sagte ich — « so lange wir noch sehen, damit wir nicht auf dem Wege umgeworfen und in der Finsterniss von der Masse unserer Begleiter zertreten werden ». Kaum hatten wir uns gesetzt, als es Nacht ward, nicht so, wie wenn der Mond nicht scheint oder der Himmel umwölkt ist, sondern, wie wenn man an verschlossenen Orten das Licht auslöscht. Man hörte Geheul von Weibern, Gewimmer von Kindern, Geschrei von Männern: die Einen riefen ihren Eltern, Andere ihren Kindern, wieder Andere ihren Gatten, welche sie an ihren Stimmen erkannten; diese bejammerten ihr eigenes Geschick, jene das der Ihrigen; auch waren darunter Solche, welche sich, aus Furcht vor dem Tode, den Tod wünschten. Viele hoben die Hände zu den Göttern empor; noch Mehrere sagten: es gebe jetzt gar keine Götter mehr, und erklärten jene Nacht für die ewige und letzte in der Welt. Auch fehlte es nicht an Solchen, welche durch erdichtete und erlogene Schrecknisse die

---

1) Eine kleine Insel am Eingange in den Golf von Neapel, Capri.

wirklichen Gefahren noch vergrösserten. Einige Anwesende erzählten, sie seien zu Misenum gewesen, dieses sei eingestürzt, dieses stehe in Flammen; es war nichts Wahres daran, doch wurde es geglaubt. Es wurde wieder ein wenig helle, was uns nicht wie der [wirkliche] Tag, sondern wie ein Vorbote des annahenden Feuers vorkam, doch blieb dieses Feuer in ziemlicher Entfernung; hierauf wurde es wieder finster und es fiel wieder dichte Asche in grosser Menge. Wir mussten zu wiederholten Malen aufstehen, um sie abzuschütteln, sonst wären wir verschüttet und von ihrer Last erdrückt worden. Ich könnte mich rühmen, dass kein Seufzer, kein einziger verzagter Laut mir in dieser so grossen Gefahr entfahren sei, wenn ich nicht — ein unglückseliger, aber grosser Trost für die Menschheit — geglaubt hätte, dass ich mit Allem, und Alles mit mir untergehe. Endlich löste sich jener dichte Dampf in eine Art Rauch oder Nebel auf; es wurde bald wirklicher Tag, auch die Sonne glänzte hervor, aber nur ganz blass, wie diess bei einer Sonnenfinsterniss zu sein pflegt. Alles zeigte sich dem noch zitternden Blicke verändert und hoch mit Asche, wie mit Schnee bedeckt. Nach Misenum zurückgekehrt, pflegten wir unseres Leibes, so gut es ging, und brachten eine angstvolle Nacht zwischen Furcht und Hoffnung zu: die Furcht behielt die Oberhand. Denn das Erdbeben dauerte noch fort und sehr Viele trieben in völliger Verrücktheit mit erschrecklichen Prophezeihungen über eigenes und fremdes Unglück ihr Spiel. Doch wir konnten uns obgleich wir die Gefahr kannten und sie noch zu erwarten hatten, auch jetzt noch nicht entschliessen wegzugehen, bis wir Nachricht von dem Oheim hätten. — Dieses magst du, doch ohne es deiner Geschichte, deren es auch nicht werth ist, einzuverleiben, [für dich] lesen, und du hast es nur auf Rechnung deiner eigenen Aufforderung zu setzen, wenn es dir nicht einmal eines Briefes werth scheinen sollte. Lebe wohl! »

Dione erzählt, dass Asche bis nach Afrika, Egypten ja Syrien geflogen und dass während jener Schreckenstage viele Fische, im Meere abgestanden und Vögel todt aus der Luft herabgefallen seien.

Pompeji liegt unter Lapilli, Herkulanum dagegen unter Asche, welche durch hinzugetretenes Wasser sich in Tuff verwandelt hat, begraben. Die Lavaschicht, welche Herkulanum bedeckt, entstammt einem späteren Ausbruch.

Wir finden nun bis zum Jahre 203 keine weiteren Ausbrüche verzeichnet. Dione und Xifilinus erwähnen nur, dass der Vesuv alljährlich Feuer ausgeworfen habe. Ueber den, unter Kaiser Septimus Severus, im Jahre 203, stattgefundenen Ausbruch, berichten Dione, und Galenus, dass derselbe acht Tage gewährt habe und von grossartigen Flammen und fürchterlichen Donnern, welches bis nach Capua gehört wurde, begleitet worden sei.

Prokopius, Troilus, Sigonius u. a. m. berichten von Ausbrüchen in den Jahren 243, 305, 326. Baronius erzählt, dass der Ausbruch von 305 bis nach Constantinopel hin Schrecken erregte, so dass daselbst ein Busstag angesagt wurde.

Nach Prokopius soll der Ausbruch von 471 bis 474 gewährt haben. Die Asche flog damals bis nach Constantinopel, was den Kaiser Leo den Isten dermassen erschreckte, dass er die Stadt verlassen wollte,

Mit dem Ausbruch von 512, vernehmen wir zuerst vom Auftreten verheerender Lavaströme.

Unser Gewährsmann ist Prokopius, der im Jahre 533 in Begleitung des Belisars nach Italien kam. Die Lavaströme müssen sehr stark gewesen sein, da der Gothenkönig Theodorich sich veranlasst sah, den Bewohnern der Landstriche, welche durch Lava Schaden erlitten hatten die Steuern zu erlassen.

Sabellicus, Sigonius und Paulus Diaconus sprechen von einem Ausbruch im Jahre 685. Baronius sich auf Rudolph Glaber einem Mönch aus Clugny berufend, erwähnt eines solchen im Jahre 993.

In der Chronika des Anonymus Cassinensis, in der Geschichte des Falco Beneventanum, sowie in den Aufzeichnungen des Leo Marsicano — Ostientis (Bischoff von Ostia) sind Ausbrüche in den Jahren 1086, 1049, 1138 — 1139 verzeichnet.

Der Cassinenser Mönch und Andrea Scotto erzählen, dass im Jahre 1036 die Lava nicht nur aus der Bergesspitze sondern auch aus den Bergesseiten hervorgebrochen und bis an das Meer geströmt sei. Nach San Pier Damiano hat dieser bedeutende Ausbruch bis 1038 gewährt und erzählt uns derselbe eine originelle Geschichte, die wir hier einflechten wollen.

Ein Einsiedler hatte sich neben der Landstrasse, welche von Neapel nach den Vesuv führt eine Zelle in das Felsgestein gehauen. Eines Nachts nun bei gar später Stunde, sass er vor seiner Behausung, versunken in heiligen Betrachtungen. Da sah er plötzlich viele kohlschwarze Männer mit Stroh und Heu beladene Lastthiere an sich vorbeitreiben. Neugierig rief sie der Einsiedler an, fragte wer sie seien, und wohin des Weges sie zögen?

« Ei, » antworteten dieselben, « wir sind Teufel und wollen mit dem Heu und Stroh ein gross Feuer anschüren, denn wir warten auf zwei Bösewichter, den Pandolfo von Capua und den Feldhauptmann Johann von Neapel. Freilich wissen es die beiden nicht, aber der

Pandolfo ist schon unpass; er kommt zuerst daran und dann kommt der Feldhauptmann gleich nach. »

Die Teufel zogen ihre Strasse weiter, der Einsiedler aber erschrak und machte sich eilends auf nach Neapel, ging zum Feldhauptmann und erzählte ihm alles was er gehört und gesehen.

Es war aber zu der Zeit, da der Kaiser Otto der II nach Italien zog um gegen den bösen Saracenenfeind anzukämpfen. Als nun der Feldhauptmann dieses vernommen, sprach er zu sich selbst: « Nun ist es an der Zeit, dass ich hingehe und verhandle mit dem Kaiser, auf dass das Reich Napoli bestehen bleibe auch fürderhin, und ist mir das gelungen so will ich abscheiden von der Welt und ein Mönchlein werden für meine letzten Tage ». Da er aber wissen wollte, wie es stehe mit dem was der Einsiedler ihm erzählt von Pandolfos Unpässlichkeit, so sandte er einen Eilboten nach Capua. Und siehe, als dieser hinkam, da war der Pandolfo just gestorben. Der Feldhauptmann aber lebte noch so ein 14 Tage, dann musste auch er abscheiden wie ihm der Einsiedler vermeldet hatte, dass ihm geschehen werde. Als aber die beiden todt waren, da fing der Berg Vesuvius an auszuspeien aus seinem Höllenmaule gar arge Flammen, so dass alle konnten sehen, wie dieses das Feuer war, welches die Teufel geschürt hatten.

Weiter erzählt uns der heilige Mann, dass der damals lebende Fürst von Salerno eines Nachts gesehen habe, wie die Flammen herausgeschlagen seien aus dem Berge. Da habe er gleich gesagt zu seinen Zechgenossen: « Ei, da ist wohl wieder ein grosser Sünder, der bald sterben muss und eingehen durch das Höllenthor. » Er selbst aber habe nicht Busse getan, sondern weiter gelebet in seinen Sünden den ganzen Tag und da er in selbiger Nacht noch gefröhnet seinen argen Lüsten, da sei er plötzlich des Todes verstorben und habe gar böslich gestunken sein Lichnam. — Wenn aber immer zum Sterben gekommen, solch ein gottloser Mächtiger, da sind gar bös herausgeschlagen die Flammen vom Berg und hat sich dazu noch ein wilder Strom heruntergewälzet bis in das Meer und hat mit seinen Pech und Schwefelfluthen das Meer selbst in Flammen gesetzet.

Der Aberglaube, das vornehme Wüstlinge nur durch das Feuerthor des Vesuvs in das Jenseits eintreten können, hat sich bis auf die Jetztzeit erhalten.

Von dem Ausbruch von 1049 erzählt Marsicano, dass ein Strom schwefelhaltigen Harzes oder Bitumen bis in das Meer geflossen und daselbst versteinert sei.

Der von Leandro Alberti in das Jahr 1306 verlegte Ausbruch wird von andern Schriftstellern bezweifelt.

Leone di Nola erzählt, dass ein Ausbruch 1500 stattgefunden habe. Merkwürdigerweise wird desselben in keiner der zeitgenössischen Chroniken erwähnt.

Da wir nun ausserdem auch noch von Maglioccho und anderen Zeitgenossen genaue Beschreibungen der Innenseite des Kraters besitzen, aus welchen man ersieht, dass der Krater im Jahre 1631 mit Bäumen bewachsen war und sich ausserdem auf seinem Grunde drei Quellen, (eine heisse, eine säuerliche und eine mit fadem Geschmack) befunden haben, so wird diese Eruption ebenfalls beanstandet. Ignatius Sorrentino nun nimmt an, dass es sich möglicherweise um eine excentrische Eruption aus einem Kegel, Viulo genannt, handeln könne, Dieser Kegel, dessen Ursprung unbekannt ist, befindet sich in der Nähe des Bosco und des Fosso della Monaca.

Aus diesen wenigen Zeilen wird der Leser ersehen, dass bis zum Jahre 1631, sich die Nachrichten über den Vesuv nur verstreut in einzelnen Schriftstellern vorfinden. Es ist daher unmöglich ein klares einheitliches Bild zu schaffen und müssen wir uns an diesem mühsam zusammengestellten Mosaikbild genügen lassen.

Von 1632 an, trat der Vesuv in eine fortdauernde Thätigkeitszeit ein. Es erwachte die allgemeine Aufmerksamkreit, so dass von da an, die verschiedenen Ausbrüche sorgfältig beobachtet und beschrieben worden sind.

Das Bild 5 zeigt uns den Vesuv mit, Bäumen bewachsen, und nur vereinzelten, schwachrauchenden Fumarolen versehen; kurz im halberloschenen Zustand. Die Weiden reichten bis dicht an den Fuss des Kegels. Auf dem Zwischenstück, welches den Vesuvskegel mit den verbrannten Felsmassen des Sommas verbindet, damals den Namen Vallone trug, jetzt dagegen Atrio del Cavallo genannt wird, standen Bauernhütten. Nach Braccini, der den Vesuv damals bestieg, hatte der Krater einen Umfang von circa 1587 Meter.

War es nun Sorglosigkeit der Bewohner oder war es, dass der Vesuvgipfel zu jener Zeit mit Wolken bedeckt war und sich dadurch der Beobachtung entzog, jedenfalls dachte Niemand auch nur an die Möglichkeit eines so entsetzlichen Wiedererwachens des anscheinend schlafenden Vulkans. Das, wie einige Schriftsteller berichten, während der Nacht vernehmbare, unterirdischen Donnern, hielten die Menschen für das Rauschen des legendenhaften Stromes Dragone, der bei Gelegenheit eines frühern Ausbruches verschüttet worden sein sollte. Das Trübwerden und Abnehmen des Wassers in den Brunnen sowie die Erdschwankungen und dass die weidenden Heerden ohne sichtbaren Anlass von plötzlichen Entsetzen gepackt die Flucht ergriffen, wurde so wenig beachtet, dass einige Leute aus Ottajano und Torre

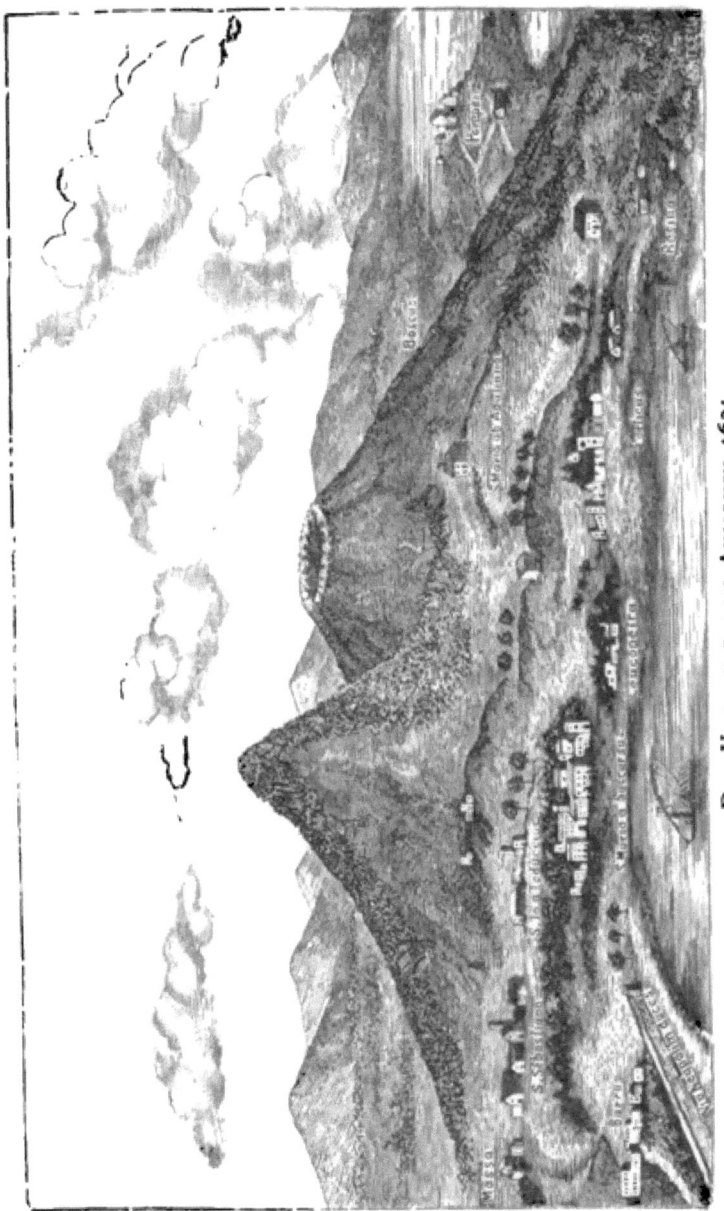

Der Vesuv vor dem Ausbruch 1631
Bild 5.

noch im Dezember sorglos den Vesuvsgipfel erstiegen und zu ihrem Erstaunen gewahrten, dass der grosse Krater bis zum Rand mit einer schlammigen Masse gefüllt, und die auf seinem Grund stehenden Bäume entwurzelt und von diesem dunklen Brei in die Höhe getrieben worden waren.

Am 16ten Deczember 1631 öffnete sich kurz vor Sonnenuntergang unter furchtbaren Donnern und Krachen die Südseite des Berges. Glühende Steine, Rauch, Aschenwolken wurden mit entsetzlicher Gewalt in die Höhe geschleudert, woselbst sie die Gestalt einer Riesenpinie annahmen, die eine Zeitlang, wie drohend hoch über dem Vesuv schwebte, dann durch den Wind am Horizont weiter getrieben wurde, bis sie endlich als Sand, Stein und Aschenregen bei Tarent und Cattaro niederfielen. Die Masse und Grösse der ausgeworfenen glühenden Steine war grauenerregend. So erzählt Recupito von einem ausgeschleuderten Stein, der so schwer war, dass 20 Ochsen ihn nicht von der Stelle bewegen konnten. Braccini berichtet, dass glühende Steine bis nach Nola geflogen und daselbst Gebäude entzündet hätten. Andere Schriftsteller erzählen, dass in Foggia ein achtstündiger Aschenregen stattgefunden habe und in Avellino verschiedene Gebäude durch Steinregen zerstört worden seien.

Zu allen diesen Schrecken gesellten sich noch Erdschwankungen. Am 17ten Deczember begannen die Lavafluthen zu strömen. Dieselben liefen mit solcher Schnelligkeit, dass sie den Weg vom Krater bis zum Meere in einer Stunde zurücklegten. Die Lava hatte sich in verschiedene Arme getheilt, von denen einzelne 1 $^1/_2$ Kilom. breit waren. Mit unaufhaltsamen Riesenschritten, alles auf seinem vernichtenden Laufe zerstörend, näherte sich der grauenerregende Strom Neapel.

Verzweiflungsvollst suchten die unglücklichen Bewohner von Resina, Torre del Greco, Portici, Pietrabianca u. s. w. dem Verderben zu entfliehen. Vergebens—eingeschlossen von brennenden Lavaströmen, preissgegeben dem glühenden Aschenregen, den herabstürzenden Stein und Felsmassen, mussten, im Angesicht, der, von Vicekönig zur Hülfe geschickten Galeeren, welche, wegen, der bis weit in das Meer hineinragenden brennenden Lavaströme, nicht landen konnten, 4000 Menschen und 6000 Weidethiere, hülflos, eines entsetzlichen Todes sterben.

Jorio, Portici ein grosser Teil von Resina, Torre del Greco und St. Giovanni Cremano gingen auf diese Weise zu Grunde.

Die, bis tief in das Meer sich wälzende, Lava brannte fort, so dass bei Nacht das Meer in Flammen zu stehen schien. Bilder aus der damaligen Zeit tragen daher häufig die Inschrift « Mare ardere visum. » Wir besitzen viele Beschreibungen dieses furchtbaren Ereignisses und ersehen aus denselben, dass was das Feuer verschonte den Wasserfluthen zum Opfer fiel, indem, wie uns zeitgenössische Schriftsteller berichten, das Meer weit zurückgetreten war, der Vesuv das Wasser aufgesaugt und dann mit furchtbarer Gewalt in wilden Strömen, von seinem Gipfel aus, in die Ebene zurückgeschleudert hatte.

Braccini erzählt uns darüber, dass bei heiterem Himmel am 17ten Dezember Wasserströme vom Berg heruntergestürzt seien und die Felder dei Nola so überschwemmt hätten, dass das Wasser an einigen Stellen 4 Meter hoch gestanden habe. Das Wasser habe nach Seewasser geschmeckt. Am 18ten Dezember seien bei ebenfalls heiterem Himmel Ottajano une Resina von Wassermassen überschwemmt worden. Des Abends habe es geregnet. Am 31ten Dez. sei bei heiterem Wetter ein klarer heisser Strom gekommen. Des Nachts habe es furchtbar gestürmt. Braccini erzählt ferner, dass er bei Wiederbesteigung des Vesuvs Seemuscheln auf der Asche, sowie, auf dem Atrio Schnecken gefunden habe. Andere erzählen sogar, dass der Vesuv kleine Fische und Algen und zwar in solchen Mengen ausgeworfen habe, dass man sie auf der Strasse nach Avellino und Atripaldi zu, gesammelt habe.

Palmieri bestreitet, dass diese Wasser Seewasser gewesen seien. Er erklärt, gestützt auf die Erfahrung, dass grosse Vesuvsausbrüche stets von wolkenbruchartigen Regengüssen begleitet sind, dass solche auch damals stattgefunden hätten und dass, da, der mit Asche bedeckte Boden nicht aufsaugungsfähig war, die Wassermassen sich anstauten und dann als Wildbäche die Abhänge herunterstürzend, die Niederungen überschwemmt hätten. Als Beweis für die Richtigkeit dieser Annahme könnte dienen, dass auch jenseits der Appenninen gelegene Orte, wie Atripaldi, Forino, Monteforte u. s. w., welche nicht durch, vom Vesuv kommende Wassermassen hätten beschädigt werden können, doch auch, wegen zu jener Zeit erlittenen Wasserschadens, Steuererlassung erhielten.

Diese traurigen Ereignisse riefen unter der Bevölkerung Neapels grosses Entsetzen hervor. Die Menschen stürzten in die Kirchen, warfen sich auf die Kniee, rauften sich die Haare, und geiselten sich bis aufs Blut.

Dirnen, Wüstlinge liefen auf Strassen und öffentliche Plätze und verkündigten unter Jammern und Schreien ihre Sünden. Jeder wollte beichten. Die Priester konnten den Anforderungen nicht genügen. Als nun zu diesem allen der Vicekönig ein strenges Sittengesetz erliess, da kannte der Schrecken der Neapolitaner keine Grenzen mehr und jeder glaubte, dass der jüngste Tag gekommen sei. Der treffliche

Cardinal Buoncompagna that sein Möglichstes um seine zitternden Beichtkinder « pecorelle attimorate » nennt sie Martino zu beruhigen.

Er liess die Reliquien des heiligen Januarius, in feierlicher Prozession, an welcher der Vicekönig und der gesammte Adel Neapels Theil nahm, von Kirche zu Kirche tragen.
Als nun nach stundenlangem Umzug der Dom wieder erreicht wurde, da fiel auf die Relique ein Sonnenstrahl. Die geängstigte Menge begrüsste dieses jubelnd als ein Zeichen vielversprechender Gnade, des so hoch angesehenen Schutzheiligen.

Der Ausbruch dauerte in seiner Vollkraft nur wenige Tage. Seine weitern Phasen dagegen reichten bis tief in das Frühjahr hinein. Er wird als der 13te seit dem Jahr 79 gerechnet und ist ihm bis jetzt keiner der Späteren an Gewalt, Heftigkeit und Zerskörungskraft gleich gekommen.

Ceraso erzählt, dass ein Stein von 50 Centner Gewicht bis auf den Somma geschleudert worden sei. Ein allgemeinar Ueberschlag ergab, dass die Vegetation durch Feuer und Wasser auf einem Terrain von 10 Meilen quadr. gänzlich vernichtet worden war. Trotzdem, dass der grösste Theil des Strassenpflasters von Neapel, aus Lava von 1631 besteht, ist immerhin noch ein colossaler Vorrat von dieser Lava vorhanden. Auf dem Wege von Neapel nach Torre del Greco sieht man grosse Lavablöcke, die von diesem Ausbruch herstammen. Nach abgelaufenem Ausbruch erschien der Vesuvskegel wie abgehauen. Er war bedeutend niedriger als vorher.

Zur Errinnerung an diese furchtbare Katastrophe wurden auf den Landstrassen von Torre del Greco und von Portici Denksteine mit bezüglichen Inschriften errichtet.

Ueber den Ausbruch von 1660 erhalten wir die besten Berichte durch zwei sehr selten gewordene Brochüren des Mathematikers und Jesuitenpaters Supo.

Leider hat derselbe sie anonym erscheinen lassen. Seine Autorschaft ist jedoch durch den Mediziner Francesco Perotta festgestellt, indem derselbe einen Bericht über den Ausbruch 1660 in Manuscript hinterlassen hat, in welchem er, nicht nur bestättigt, dass die obengenannten Werckchen von Pater Supo verfasst sind, sondern sogar beide Brochüren in Abschrift, seinem eigenen Berichte beifüget. Dieses wichtige Manuscript gehört der Bibliothek des Observatoriums an.

Dieser bedeutende Ausbruch begann im Juni 1660 und scheint nach Ignazius Sorrentino mit geringen Unterbrechungen bis 1662 gedauert zu haben.

Sorrentino und Perrotta hatten den Mut sich mehrmals während dieser Zeit bis dicht an den Krater heranzuwagen.

Das Donnern und Brüllen des Berges, der Aschenfall, Steinregen und Rauch waren so fortgesetzt und entsetzlich, dass die Bewohner der umliegenden Ostschaften fliehen mussten. Der Mangel an Lavaströme muss dahin erklärt werden, dass der Krater von 1631 her sehr umfangreich war, und daher noch nicht soweit mit Lava gefüllt war, dass sie den Saum überschreiten konnte. Die gleiche Erfahrung wurde 1875 gemacht. Es bedurfte damals der Zeitdauer von 1875—1877 ehe der, sich 1872 geformt habende Krater soweit gefüllt hatte, dass die Lava den Rand übersteigen und an dem äusseren Vesuvskegel herabfliessen konnte. In solchen Fällen kann die Lava nur dann gesehen werden, wenn der Ausbruch in Folge der Spaltung der Bergseitenwände ein sogenanter excentrischer wird. Die Anwesenheit von Lava im Schlunde des Vulkanes muss bei jedem Ausbruch angenommen werden, indem unzweifelhaft, die glühenden Massen, welche in die Luft geschleudert und in noch glühendem Zustand rings um den Krater herumfallen, flüssige Lava sind. Eine Eruption ohne im Vulkan aufsteigende Lava erscheint unmöglich. Umsomehr, als bis jetzt stets bemerkt und von Vesuvsschriftstellern auch hervorgehoben worden ist, dass der, besonders Nachts sichtbare, auf den Rauch fallende, glänzende Wiederschein, von, in nicht grosser Tiefe sich befindender, glühender Lava herstammt.

Auch im Jahre 1660 thronte die Rauch und Aschensäule in Gestalt einer von zuckenden Blitzen immer wieder zerrissenen Riesenpinie über den Vesuv.

Pater Supo berichtet von schneeweisser Asche. Bei dem Ausbruch von 1872 zeigte sich, während einiger Stunden, die gleiche Erscheinung. Die mikroscopische Untersuchung ergab, dass diese Asche aus feinsten Leucitstückchen bestand. Es ist anzunehmen, das die Asche von 1660 gleicher Natur war.

Im Jahre 1676 wurden in Torre del Greco 500 Menschen verschüttet.

Der Ausbruch steigerte sich wieder im August 1682, zu welcher Zeit der glühende Steinregen, welcher auf den äussern Kegel fiel, denselben bei Nacht, als im Feuer stehend, erscheinen liess. Das Donnern und Beben des Berges trieb die unglücklichen Umwohner von Neuem zur Flucht an.

Sorrentino erzählt, dass der halbreife Wein bei Torre del Greco trotz des starken Aschenfalles nicht gelitten hatte, während der Wein, in den entfernter gelegenen Ortschaften, durch denselben ganz vernichtet war.

Nachdem sich der Vesuv wieder beruhigt hatte, wagte Sorrentino mit einigen Freunden ihn zu besteigen. Sie fanden die Tiefe des Kraters verringert. In seiner Mitte erhob sich ein neuer Eruptionskegel. Im October 1685 steigerte sich die Heftigkeit des Vesuvs abermals. Heftige Auswürfe zu denen sich noch heftige Erdschwankungen gesellten, fanden statt. Nach kurzem überragte der neue Eruptionskegel den Kratersaum um soviel, dass es aus der Ferne schien, als ob ein Berg auf dem Andern gestellt sei.

Da seit 1631 keine Lavagüsse stattgefunden hatten, dachte die Bevölkerung nicht mehr an eine solche Möglichkeit. Der Krater hatte sich indessen im Laufe der Jahre gefüllt. Ohne vorhergehende Anzeichen zeigte sich plötzlich Ende März 1694 Feuer auf dem Gipfel des Berges. Der Boden bebte, Steine flogen, und die Erregtheit des Berges steigerte sich von Tag zu Tag, bis endlich am 13ten April die Lava den Kratersaum überstieg und sich in der Richtung des Eremiten auf dem Salvatore zuwälzte. Schon am nächsten Morgen hatte der Strom das tiefe Thal « Fosso dei Corvi » später « Fosso Grande » genannt, erreicht, durchfloss dasselbe, wandte sich nach Pietrabianca (Pietrarsa) und stand erst bei Arso di Giorgio Cremano, ein Kilometer vom Meere entfernt, still.

Der damalige Erzbischoff von Neapel Cardinal Cantelmo veranlasste den Vicekönig, Grafen di St. Stefano eine grosse Anzahl Arbeiter zu entsenden und einen Erddamm gegen den Feuerstrom aufzuwerfen. Solches war mit gutem Erfolg bei Gelegenheit der Aetnaeruption 1669 in Cattania versucht worden, erwies sich aber hier als ganz unzureichend.

Der Anblick der brennenden, alles vernichtenden Lava lockte eine grosse Anzahl Neugieriger herbei. Längs des Feuerstromes wurden Hütten und Verkaufsbuden aufgeschlagen, ein zügelloses Genussleben enwickelte sich rasch, dem jedoch, durch die Busspredigten der Alkanterinermönche bald Einhalt gethan wurde.

Die Lava blieb nach 14 Tagen stehen. Das Feuer verschwand vom Bergesgipfel und die Eruptionskegel erschienen bedeckt von verschiedenfarbigen Niederschlägen.

Bei derartigen sich nach abgelaufenen Ausbrüchen zeigenden Ablagerungen herrscht gewöhnlich das Gelb vor. Dieses ist jedoch nicht, wie früher angenommen wurde, Schwefel, sondern Eisenchlorid. Im Juli 1696 fing der neue Eruptionskegel wieder an, Feuer zu speien. Am 4ten August brach die Lava sich am Fusse des Kegels einen Weg, ergoss sich in die unterhalbgelegene Ebene, woselbst sie in den Grenzen der alten Lava bleibend, sich anstaute. Der stattfindende Aschenregen richtete, da glücklicherweise kein Regen fiel, keinen Schaden auf den umliegenden Feldern an. Die dinamitische Gewalt, die der Berg entwickelte war so gross, dass Steine bis nach Benevent flogen.

Im September 1697 fing der Vesuv nach scheinbarer Ruhe wieder zu speien an; der Boden schwankte; dem nach verschiedenen Seiten gespalteten Kegel entquoll ein Feuerstrom. Derselbe teilte sich in zwei Arme, von denen, der eine durch den « Fosso dei Cervi » der andere durch die « Novesca » und den « Fosso Bianco » floss. Der Vesuv scheint fortgesetzt tätig geblieben zu sein, so dass die Eruption vom 9ten Mai 1698 mit welcher die Vesuvsausbrüche des 17ten Jahrhunderts ihren Abschluss fanden, nur als eine Fortsetzung obengenannter Serie zu betrachten ist.

An diesem Tage brach unter furchtbarem Getöse und Erdbeben Feuer aus der Bergesspitze hervor. Die Lava stürzte in verschiedene Richtungen und verwüstete über 25 Hectare bebautes Land. In Neapel zog sich das Meer vom Gestade zurück. Man konnte viele Fische am Strande auflesen.

Im Juni stiess der Vulkan heftige Blitze, starken Rauch und Asche aus.

Der Himmel verfinsterte sich derartig, dass der Tag in Nacht verwandelt schien und man Lichter anzünden musste. Die Bewohner von Torre del Greco flüchteten sich; Diebesbanden bemächtigten sich der verlassenen Häuser, so dass Tag und Nacht Soldaten Wache stehen mussten.

Auf Befehl des Vicekönigs blieben die Schenken und Herbergen während der Nacht geöffnet. Er selbst ging auf den » Ponte della Maddalena » und verteilte unter die hülfsbedürftigen Flüchtlinge Geld.

Mit 1701 beginnt eine neue Serie von Ausbrüchen, welche in so innigem Zusammenhang mit einander zu stehen scheinen: dass sie als zu einer Periode gehörig, welche mit dem grossen Ausbruch von 1737 ihren Abschluss gefunden hat, gerechnet werden können.

Am 1ten Juli 1701 hörte man aus dem Vesuv kommend, einen starken Knall. Derselbe wurde gefolgt von zahllosen, hoch in die Luft geschleuderten Geschossen und einer colossalen Aschenkugel, die sich während einiger Minuten über dem Krater schwebend erhielt und dann berstend, als glühender Funkenregen herabstürzte. Zu gleicher Zeit entquoll Lava dem Krater, teilte sich in zwei Ströme, von denen der eine nach Viulo, der andere nach Ottajano lief. Nach vier Tagen stockte die Lava, brach jedoch nach kurzer Ruhepause wieder hervor und verbreitete Vernichtung über den Landstrich, den sie durcheilte. Der Ausbruch verlief in 17 Tagen. Der Berg brauste während dieser Zeit wie ein stürmisches Meer.

Während der Jahre von 1704 bis 1707 wurde die Bevölkerung durch immerwiederkehrende Schlacken, Stein, Aschenregen und entsetzliche Getöse erschreckt.

Am 28 Juli 1707 steigerte sich die Tätigkeit des Vesuvs dermassen, dass nach Aussage des Sorrentino das Donnern sogar in « Bracciano » d. heisst 20 Meilen über Rom hinaus, gehört wurde. Die Bewohner von Ottajano konnten sich wegen der herabstürzenden, glühenden Blöcke nicht auf die Strasse wagen. Der Rauch hatte wieder die Pinienform angenommen. Heftige Blitze zuckten. Der Boden war mit Sand bedeckt, Regengüsse verheerten die umliegenden Ortschaften, doch fehlten abermals die Lavaströme.

Den zeitgenössischen Schriftstellern entnehmen wir, dass von 1712-1733 die Bevölkerung wiederholt durch Erdbeben, Stein und Aschenregen, Lavaergiessungen und Feuerscheinungen geängstigt wurden.

Dem Sorrentino gebührt die Ehre zuerst auf die merkwürdige Erscheinung der Rauchringe aufmerksam gemacht zu haben.

Er schreibt, dass er am 11ten September 1724 um 21 Uhr Rauchringe von dem Umfang' grosser Fassdauben, circa 2000 Meter hoch über dem Vesuv bemerkt habe.

Dieselben hätten sich bis zu 8 Minuten lang unverändert erhalten. Das seltsame Schauspiel dauerte bis gegen 22 Uhr. Am 11ten Juni 1733 beobachtete Sorrentino einen grossen, nur aus Asche geformten Ring. Derselbe schwebte circa einer Meile hoch über den Krater und wurde von dem Winde langsam weiter getragen.

Der Duca della Torre beschreibt eine ähnliche Erscheinung, die er 1754 beobachtete.

Die von ihm gesehenen Ringe waren weiss. Der eine erhielt sich während $1/4$ Stunde, ein anderer sogar während $3/4$ Stunden lang unverändert.

Am 14ten Mai 1737 steigerte sich die dinamitische Kraft des Vulkanes in der entsetzlichsten Weise.

Detonationen erdröhnten, colossale, aschgraue Rauchkugeln stiegen auf und Bomben sowie glühende Steine wurden ausgeschleudert. Die Aufregung des Berges nahm jeden Tag an Gewalt zu, bis endlich am 19ten Mai der Vesuv unter fürchterlichen Knallen riss und die Lava aus einer neuen Spalte nach Torre del Greco zu stürzte.

Die armen Bewohner mussten eiligst flüchten. Die Lava hatte sich in drei Arme geteilt. Der eine floss nach den Capucini, der zweite nach dem Carmine und der dritte nach dem Purgatorium zu.

In letzter Kirche verbrannte sämtliches heiliges Geräte. Die Lava drang in die Kirche del Carmine ein, staute sich gegen die Klostermauern, überschritt die Landstrasse und blieb in geringer Entfernung vom Meere stehen.

Bei diesem Ausbruch wurden zuerst, und zwar von Francesco Serao Ansammlungen von Kohlensäure bemerkt. (S. Mopheten) Die « Histoire Naturelle des Volcans » gibt an, dass die vom Vesuv ausgespieenen Lavamassen 3 Milliarden 750 Millionen Fuss Cub. Materie betragen hätten.

Die Masse der ausgeworfenen Steine, Lapilli und des Sandes war so gross, dass in Nola und Ottajano Dächer davon eingedrückt wurden. Der Regen, welcher auf die heisse Lava fiel, erzeugte starken, weissen, nach Schwefel riechenden Rauch, dessen Einfluss so stark war, dass alle Vegetation ringsum versengt wurde. Einige Tage später entwickelte sich, in Folge des Regens auf die heisse Lava, ein sehr lästiger, jedoch nicht näher beschriebener Geruch. Es ist dieses das erstemal, dass einer derartigen Erscheinung Erwähnung geschieht.

Nachdem der Ausbruch vorüber war, sah man, dass die Vesuvsspitze abgesprengt und der Vesuv wieder niedriger, als der Somma war. Eine Messung Francesco Geris ergab, dass der Vesuv nunmehr 1066 Meter hoch war und der Krater eine Tiefe von 177 Meter und einen Durchmesser von 700 Meter hatte. Roth stellt betreffs, der sich immer wieder ändernden Gestaltung des Vesuvs den Satz auf; « dass kleine Ausbrüche die Kegel der Vulkane höher, grosse dagegen dieselben niedriger machen.

Man findet nun für einige Zeit keinerlei vulkanische Erscheinungen mehr verzeichnet, bis endlich Pater della Torre erzählt, dass er Mitte Oktober 1751 den Kegel bestiegen und aus dem Krater kommend, starken Rauch sowie zischartiges Geräusch bemerkt habe. Am 22ten Oktober vernahm man auf der Seite nach Ottajano zu, starken Lärm. In der Nacht vom 25ten Oktober riss unter fürchterlichen Brüllen und Erdstössen die Seitenwand des Berges auf, Lava stürzte sich auf das Atrio del Cavallo und verbreitete sich in die Richtung von Bosco tre casa zu. Die Lava durchlief in 8 Stunden 7 Kilometer. Der Berg erschien wie von Feuerbächen überrieselt. Am 22ten Februar 1752 trat wieder Ruhe ein. Am 2 Dez. 1754 fand ein neuer Ausbruch statt, bei welchem sich, ein Eruptionskegel von circa 30 Meter Höhe bildete.

Nach Mecatti und De Bottis zeigte der Vesuv in März 1759 abermals Feuer. Dieses steigerte sich mehr und mehr, bis unter Erdstössen furchtbarem Donnergebrüll und Krachen, der obenerwähnte Kege

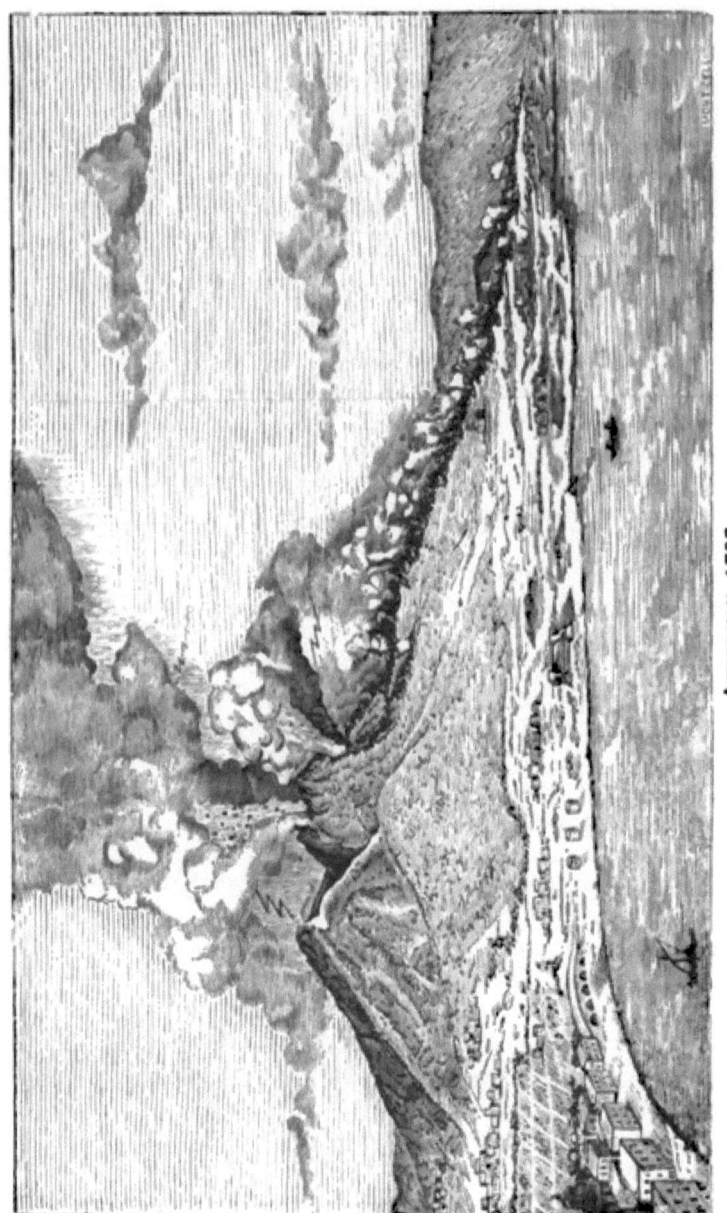

Ausbruch 1737
Bild 6.

wieder in sich zusammenbrach. Gewaltige Flammenmassen schlugen auf; Lava stürzte mit rasender Schnelligkeit auf die unterhalb liegenden Felder. Trotz der Kürze dieses Ausbruchs verursachte er den Landeigenthümmern einen Schaden von 26,000 Ducaten circa 125,000 franken.

Am 23ten Dez. desselben Jahres fand ein starker excentrischer Ausbruch statt. In der am Fusse des Berges gelegenen « Masseria del Tedesco » öffneten sich mehrere Bocchen. Dieselben standen in einer Reihe, sie spieen alle zugleicher Zeit Feuer, Rauch und Lava aus, welches Alles zu einem Feuerstrom sich vereinigend, die umliegenden Grundstücke verwüstete und einen Schaden von circa 1 $^1/_2$ Millionen Franken erzeugte.

Vom 6ten Januar 1762 bis zum 28ten März 1766, an welchem Tage, sich der Kratersaum nach Resina zu senkte und Lava wieder an zu fliessen fing, hatte Ruhe geherrscht. Am 10ten April riss nach Ottajano zu eine neue Spalte mit entsprechendem Feuerstrom. Gegen Mitte Dezember trat verhältnissmässige Ruhe ein, welche bis zum 19ten Oktober 1767 währte. Zu dieser Zeit quoll unter den gewöhnlichen Erscheinungen Lava aus dem Gipfel hervor, theilte sich in verschiedene Arme und lief unterhalb des Monte Canterone (wo jetzt das Observatorium steht) in den Fosso Grande. Sie umringte ohne sie zu beschädigen die kleine St. Vitus Kirche und näherte sich in langsamen aber stetigem Lauf mehr und mehr Neapel.

Die Bevölkerung war ratlos. Bussgebete, Kasteiungen, Processionen fanden statt. Der wegen seiner Frömmigkeit und Beredsamkeit bekannte Domenikanermönch Rocco versuchte vergeblich das Volk zu beruhigen. Endlich trug man in Verzweiflung die Statue und Reliquie des Heiligen Januarius auf dem Ponte della Maddalena und siehe der drohende Feuerstrom blieb stehen. Zum Gedächtniss an dieses Wunder wurde dem Heiligen auf der Brücke eine Marmorstatue errichtet. Er ist dargestellt, wie er mit erhobener Rechten der Lava Halt gebietet.

Trotz der Kürze dieses Ausbruchs, derselbe währte nur 7 Tage, wurden, nach De Bottis, eine Million 200,000 Meter Cub. Lava und 140,000 Meter Cub. Asche ausgestossen. Don Antonio Pigonato fand, dass ein im Laufe von acht Monaten entstandener neuer Kegel 185 französische Fuss hoch war.

Um uns einen Begriff von der dinamitischen Gewalt, welche der Vesuv entwickelte, zu machen, entnehmen wir den Schriften Hamiltons, dass er Augenzeuge war, als ein Steinblock von 12 Fuss Höhe und 45 Fuss Umfang $^1/_4$ Meile weit geworfen wurde, und ferner durchsichtige, glühende Steine von circa 20 Centner Gewicht bis über

200 Fuss hoch geschleudert wurden. Hamilton erzählt, dass die Pracht und Grossartigkeit dieses glühenden Steinregens das herrlichste Feuerwerk übertroffen habe. Nach ihm, nahm der Lavastrom, der an seiner Quelle nur 10 Fuss breit war, später eine Breite von 2 $^1/_2$ Kilom. ein. Seine Länge betrug 5 Kilom. Die Lava war so zähe, dass selbst grosse Steine, welche Hamilton mit Gewalt hinein warf nicht untergingen, sondern auf der Oberfläche des reissenden Feuerstromes weiter schwammen.

Während der letzten Tage des Ausbruchs fiel weisse Asche. Hamilton berichtet, dass solche in einem Futtertrog fiel, aus welchem gerade acht Schweine frassen. Dieselben wurden sofort schwindelig und waren nach wenig Stunden tot.

Am ersten Mai 1771 spaltete sich unter starkem Brausen die Nordseite des Vesuvkegels ungefähr 200 Meter unterhalb der Spitze. Lava entquoll; sie entwickelte sich in wenig Tagen zu einem ungestümen Feuerstrom. Zugleicher Zeit entstanden auf der Spitze des Berges verschiedene Eruptionskegel, welche ganz dünne Lava hoch in die Luft spritzten. Dazu öffnete sich ein Schlund auf dem Atrio und warf Steine mit Lava untermischt aus.

De Bottis fand daselbst runde und langgezogene Bomben mit spiralförmig abgedrehten Enden. Vom Mai bis November fiel von Zeit zu Zeit feine rötliche Asche. Der Vesuv blieb weiter tätig, bis im Juli 1779 dichter Rauch, Stein und Schlackenhagel, begleitet von unterirdischem Getöse, einen grossen Ausbruch eröffneten, der bis Mitte August währte.

Hamilton schätzt, dass zu jener Zeit Steine bis zu einer Höhe von 11,000 Fuss geschleudert wurden. Er beobachtete horizontal fliegende, sternschnuppen ähnliche Meteore. Ferner fand er einen ausgeschleuderten Lavablock von 19 Fuss Höhe und 66 Fuss Umfang. Nach seiner Messung hatte sich das Atrio um 250 Fuss erhöht.

De Bottis fand am Saume des Berges zwei ausgeschleuderte Steine, der eine 4 $^1/_2$ Meter hoch, 3 $^1/_2$ Meter lang und 2 $^1/_2$ Meter breit; der andere 4 Meter hoch, 3 $^1/_2$ Meter lang und 3 $^1/_2$ Meter breit. Er wog ein kleines Stück der Masse und schätzte danach das Gewicht des ersteren auf 1000 Centner, des zweiten auf 1600 Centner.

In den « Miscellania Vesuviana » wird von mächtigen durch Blitze zerrissenen Rauchkugeln, sowie von, das Tageslicht verfinsternden Aschenwolken erzählt. Der Somma habe bei Nacht durch die auf ihn fallenden feurigen Bomben wie in Feuer gestanden.

Aus dem sehr seltenen Büchlein des Domenico Tata erfahren wir näheres über die Thätigkeit des Vesuvs während der Jahre 1786—1787. Tata sah, wie eine vom Atrio kommende Lava die Kirche

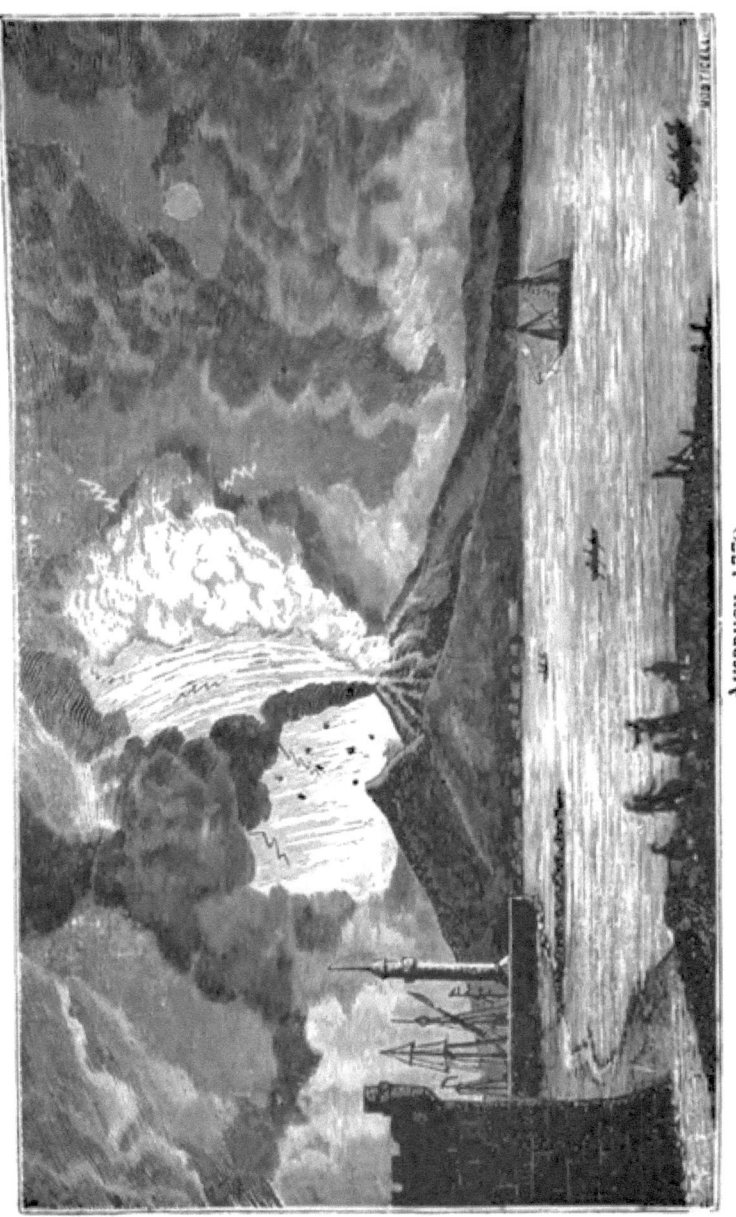

Ausbruch 1779
Bild 7

einer dortigen Einsiedelei zerstörte und den kleinen Altar mit sammt dem Altarschmuck hinvegschwemmte. Die Trümmer der kleinen Kirche blieben bis 1855, wo sie von neuer Lava bedeckt wurden, sichtbar. Nach Tata begann der Ausbruch von 1790 im Mai, nach dem Duca della Torre erst im September. Derselbe war sehr reich an Lavagüssen, welche ebensowohl aus der Spitze als aus den Seitenspalten hervordrangen. Breislak erzählt, dass er diese Laven sieben Jahre später sah und dieselben an einzelnen Stellen noch heiss befand. Die Eruption währte bis Oktober.

Die letzte Eruption des 18ten Jahrhunderts begann am 12ten Juni 1794 unter heftigen Erdbeben, fortgesetztem Zittern des Berges und kanonenartigem, zuletzt in Brüllen ausartendem Donnern. Der Ausbruch erreichte seinen höchsten Paroxysmus am 16ten Juni. Das unglückliche Torre del Greco war diesesmal das Hauptopfer, auf welches sich, die aus acht Bocchen strömende Lava zuwälzte. Der Duca della Torre berichtet, dass die Lava in 4 Stunden den Weg bis zum Meere zurückgelegt hatte. Der Arm, welcher Torre überschwemmte war 2000 Fuss breit und stellenweis 40 Fuss hoch. In kurzer Zeit hatten die Feuerfluten die Strassen verwüstet die Häuser umzingelt und die Bewohner verarmt. Der Turm der Kirche St. Croce steht bis zur Hälfte seiner Höhe in der versteinerten Lava begraben.

Nach Coletta reichen die damaligen Lavaströme bis 204 Meter weit in das Meer hinein. Die Asche lag drei Meilen weit um den Vesuv herum, an einzelnen Orten bis zu zwei Meter hoch. Es gingen 33 Menschen und 4200 Stück Vieh bei diesem Ausbruch zu Grunde. Der Schaden wurde auf 16 Millionen Franken veranschlagt. Breislak schätzt, dass 685 Millionen Fuss Cub. Lavamasse ausgeworfen wurden.

Das Entsetzen der Neapolitaner wurde noch dadurch erhöht, dass in der herrschenden Verwirrung 400 Gallerensträflinge dem Kerker von St. Francesco entsprangen. Man befürchtete, dass dieselben die anderen Kerker erstürmen, sämmtliche Flüchtlinge befreien, und sich dann der Stadt bemächtigen würden. Diese Gefahr ging an Neapel vorüber, und waren die meisten jener Unglücklichen bald wieder eingefangen.

Das Bild 9 zeigt uns das schreckliche Schauspiel einer Eruption bei Vollmondsbeleuchtung. Es muss hier bemerkt werden, dass sich unter den zahlreichen, bildlichen Darstellungen der Vesuvsausbrüche, keine einzige bei zunehmenden oder abnehmenden Mond vorfindet.

Nachdem gegen Mitte Juni die Eruption vorüber war, wagten es Breislak und Winspeare den Vulkan zu besteigen. Sie schildern uns den Befund folgendermassen. Der Eruptionskegel war 200 Meter hoch, gebildet aus einem, aus Lapilli, Asche und Wasser geformten,

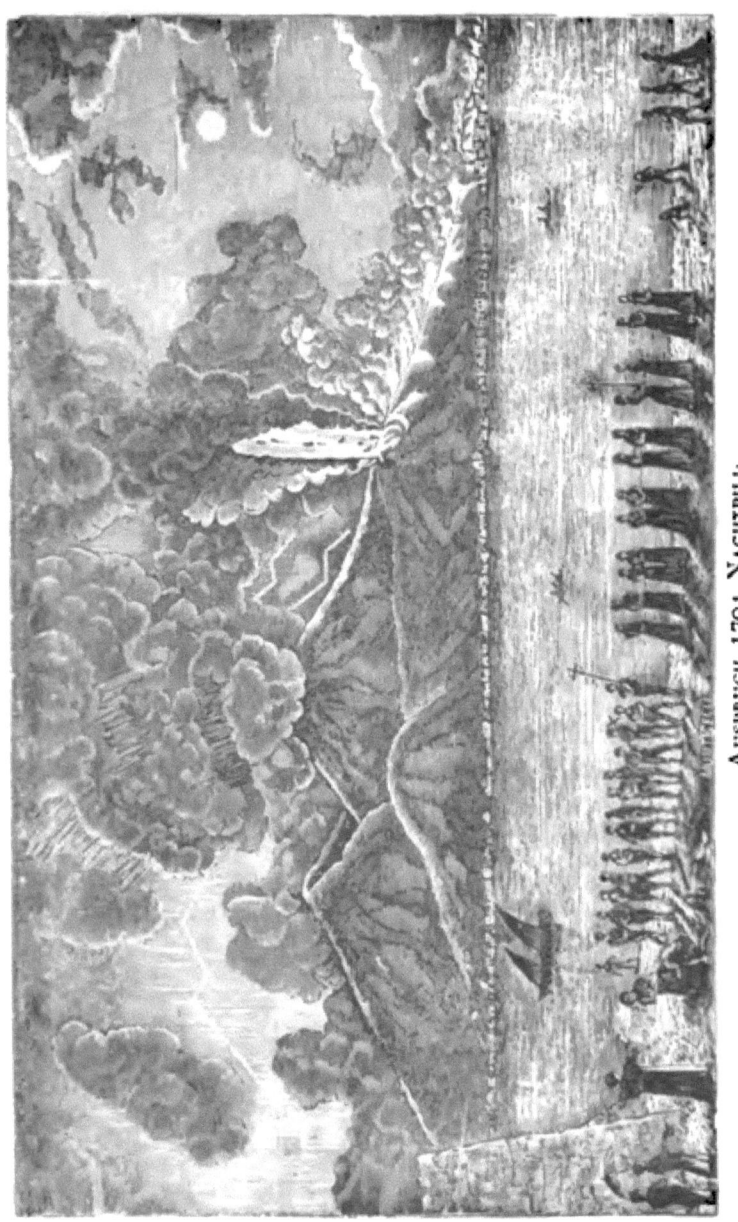

Ausbruch 1794 Nachtbild.
Bild 8.

— 42 —

Ausbruch 1744
Bild 9.

Kitt. Dieser war so hart, dass die Führer in ihm Stufen einhauen konnten. Der Krater war excentrisch elliptisch 150 Meter tief mit 2150 Meter Umfang. Er war am höchsten nach Nord-Osten, am niedrigsten nach Süd-Westen. Der Rand bestand aus lockerer Asche. Er war ungleich, bald höher, bald niedriger. Die Wände waren mit Schlacken und Lavamassen bedeckt.

Am 10ten August, bestieg der Abbate Tata den Vesuv. Er berichtet von einem hochinteressanten Fund. Derselbe bestand in 2 Lavablöcken von je 2 $^1/_2$ Meter Höhe und 9 Meter Umfang. Dieselbe waren so glatt abgerundet, dass Tata sie mit dem Namen « Ciottolone » bezeichnet, unter welchem Kieselsteine verstanden werden, wie sich solche am Meeresstrande oder in reissenden Flüssen vorfinden. Die Masse war feinkörnig wie Basalt. Es muss nun angenommen werden, dass diese Riesenlavakiesel, von denen ein jeder dem Kubikinhalt entsprechend 20 Centner schwer sein konnten, folgendermassen entstanden sind. Nämlich, dass die beiden Blöcke sich vom Mutterstück abgelöst habend in einen Wasserstrudel geriethen, wo sie Jahrhunderte lang herumgewälzt wurden, bis sie endlich durch die aufstossende Kraft auf dem Grund des grossen Eruptionskegel getrieben und von da durch die furchtbare dinamitische Gewalt herausgeschleudert worden sind.

Nachdem im Juli 1804 die Brunnen in Resina und Torre del Greco versagt hatten, entstieg am 22 Juli unter Erdstössen und dumpfen Dröhnen tiefschwarzer Rauch dem Krater. Gleichzeitig öffneten sich auf der Westseite und bald auch auf der Ostseite Bocchen, denen Lava entströmte. Im August brach neue Lava hervor, die sich über den östlichen Teil von Torre an der Villa Salerno vorbei in das Meer ergoss.

Den zeitgenössischen Berichterstattern entnehmen wir, dass der Vesuv mit geringen Ruhepausen bis in das Jahr 1822 hinein tätig blieb. Roth erwähnt unter anderem, dass in Dezember 1819 ein fast weissglühender Lavastrom beobachtet wurde, in welchem Kupferdraht von 1 $^1/_2$ Mm. und Silberdraht von 1 Mm. Stärke sofort schmolz. Trotz grosser Zähigkeit lief der Strom so rasch, dass man eine lange eiserne Stange nicht hinein stossen konnte. Die Lava lief am 6ten Januar 1820 um 300 Fuss tiefer aus. Ihre Temperatur wurde geringer. An der alten Bocca fand man die Lava mit purpurfarbenem Kochsalz bedeckt.

Es kam in diesem Jahre öfters vor, dass sich die Lava am Fusse des Berges einen neuen Ausgang sprengte. In eine dieser Bocchen warf sich am 16ten Januar 1821 der Franzose Louis Coutrel hinein. Man erzählt, dass er sich mit den Worten « wer hier stirbt wird in seinem Vaterlande neugeboren » in die flüssige Lava stürzte. Der Aberglaube, dass solches geschehen könnte wird noch heutigen Tages von der hiesigen Bevölkerung getheilt. Dieser Schlund, von da an als Bocca del Francese bezeichnet, bestand bis zum Jahre 1872, wo er gelegentlich neuer Umwälzungen in sich selbst verfiel.

Im Oktober 1822 fingen die Detonationen, das Brüllen, die Blitze wieder an. Der Berg stiess Tag und Nacht brennende Projectile aus. Die Riesenpinie schwebte Tags als schwarze Wolke, Nachts als Feuerwolke über dem Bergesgipfel, dem brennende Lava nach allen Richtungen hin entströmte. Dieses alles zusammen erzeugte ein Schauspiel, welches an grossartiger Schauerlichkeit kaum übertroffen werden konnte.

Nach Mauro zeigte der Hauptkrater am 21ten Oktober keine Flammen mehr, stiess aber dafür Asche und kochendes Wasser aus, welch letzteres den Wald der Fürsten Ottajano überflutete und vollständig vernichtete. Aus vier neuen Fumarolen schlugen mit regelmässigen Unterbrechungen Flammen hervor. Die Aschenmassen wurden bis nach Terra di Craco, ja bis nach den äussersten Grenzen Calabriens, wo die Bäume dicht von solcher bedeckt wurden, verweht. Gelegentlich dieses Ausbruchs fielen in einen am Fusse des Vesuvs gelegenen Weinberg mehrere hundert Centner Kochsalz. Die Menschen strömten herbei, um sich einen Vorrat dieser so nötigen Speisewürze zu holen. Der Salzpreis wurde für eine Zeitlang heruntergedrückt.

Die Rauchpinie erhob sich an einigen Tagen bis 2000 Meter über den Vesuv und war mehrere Kilometer breit.

Nach Roth stieg am 23ten Oktober gegen 1 Uhr früh eine, aus Sand und glühenden Massen bestehende 2000 Meter hohe, Feuersäule auf. Bald darauf ertönte ein entsetzlicher Knall, der östliche Kraterrand zerriss, Aschen und Lapilliwolken drangen hervor und überschütteten während $^3/_4$ Stunden Ottajano und Bosco tre casa. Heftige Regengüsse fanden statt, welche mit der Asche vermischt, Tufflager bildeten. Von Zeit zu Zeit wurden grosse Lavastücke ungewöhnlich weit geschleudert. So fand man einen Lavablock von 40 Centner Gewicht im Garten des Fürsten von Ottaiano (circa 4 Kilometer entfernt von dem Vesuvsgipfel).

Nachdem der Berg sich einigermassen beruhigt hatte, wurde er vielfach bestiegen. Der Vesuv hatte seine Gestalt ganz verändert. Der Kegel war verschwunden und nach Babage an seine Stelle ein Krater von $3\frac{1}{2}$ Kilometer Umfang und 938 Fuss Tiefe getreten. Während der frühere Kratersaum den Somma überragt hatte, war der jetzige um ungefähr 400 Fuss niedriger als derselbe. Der Kraterkessel war teilweise mit Wasserdämpfen, gemischt mit Schwefelwasserstoffsäure und Chlorwasserstoffsäure gefüllt. Daubeny untersuchte den Krater 1824 und erwähnt das Vorhandensein schwachrauchender Fumarolen. Im Jahre 1828 erhob sich in diesem Krater ein neuer Kegel, Lava begann zu fliessen und den Krater langsam zu füllen. Sobald dieses im Jahre 1834 geschehen war, bahnte sich die Lava einen Weg nach aussen.

Abig erzählt, dass er bei dieser Gelegenheit Flammen von Wasserstoff beobachtet habe. In den Seen von Fusaro und Licola starben die Austern und Fische ab. Von dieser Zeit, an findet man bis zum Jahre 1839 wo ein etwas stärkerer, doch nur wenig Tage währender Ausbruch stattfand, nur unbedeutende Feuererscheinungen und Lavaergüsse erwähnt. Ueber den Zeitraum von 1839—1850 entnehmen wir einem Bericht des Professors Arcangelo Scacchi folgendes; « Nachdem die Eruption von 1839, welche nur wenig Tage währte, vorüber war, verhielt sich unser Vulkan während ungefähr drei Jahre ruhig. Wenig Fumarolen und nur zeitweisige kleine Spalten an der Spitze verriethen, dass das Feuer im Innern weiter glühe. Der Krater war zu jener Zeit trichterförmig. Man konnte mit einiger Geschichlichkeit, ohne sich ernsteren Gefahren auszusetzen, sich bis auf den Grund herunter wagen. Im Herbst 1841 öffnete sich unter mässigen Knallen der Grund, Feuer zeigte sich und die ausgeworfenen Schlacken formten im Innern einen neuen Eruptionskegel. Zugleicher Zeit sprudelten an verschiedenen Seiten des Kegels Lava hervor, welche, da sie sich von dem Kraterwänden eingehemmt sah, sich um den Eruptionskegel staute und denselben langsam in die Höhe trieb. Dieses währte mit bald langsamerer, bald heftigerer Tätigkeit bis zum Februar 1845 zu welchem Zeitpunkt der Eruptionskegel den Krater soweit überragte, dass derselbe von Neapel aus gesehen und die Ausbrüche, die man bis dahin nur von der Höhe des Berges aus hatte beobachten können, nunmehr auch von Weitem gesehen wurden ».

Die Tätigkeit des Vesuvs blieb von 1847 — 1848 ziemlich gleichmässig und nahm 1849 noch ab. Im Januar 1850 stürzte mit furchtbarer Sprenggewalt der neu entstandene Kegel in sich zusammen. Die Brunnen in Torre und Resina versiegten. Die Unruhe des Berges steigerte sich in entsetzlicher Weise. Am 5ten Februar zerriss der Kegel an der Nordseite. Eine colossale Spalte wurde vom Gipfel bis zur Basis des Kegels sichtbar. Zugleich bildeten sich auf dem Atrio kleine, vereinzelt stehende Eruptionskegel, von denen aus, sich Feuer über den östlichen Teil des Atrios bis nach Ottajano herunter verbreitete. Am 10ten Februar zeigten sich grosse Sandmengen mit welcher Erscheinung der Ausbruch am 12ten Februar endigte.

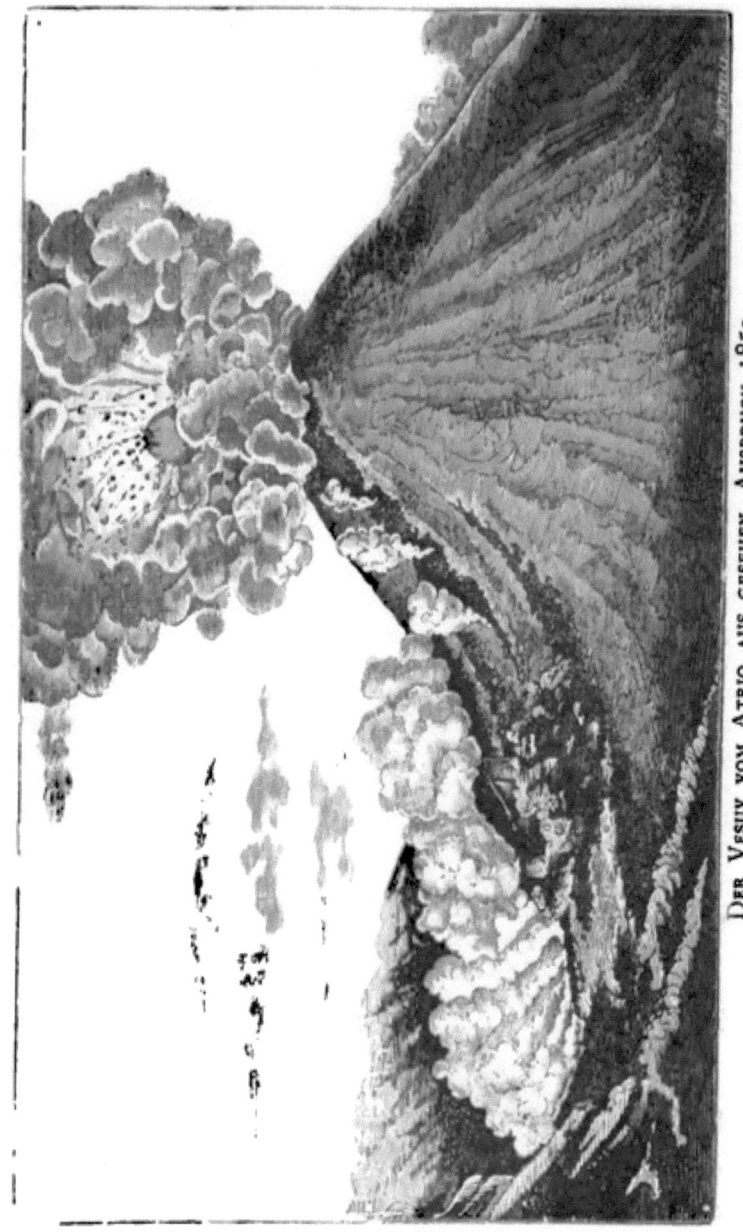

Der Vesuv vom Atrio aus gesehen. Ausbruch 1850.
Bild 10.

Als man den Vesuv wieder besteigen konnte, fand man grosse Veränderungen vor. Die frühere Hochebene des Berges hatte sich in zwei weite Krater verwandelt. Aus acht Oeffnungen floss fortwährend Lava ab. Das Heruntersteigen in die Krater war wegen der Steilheit der Seitenwände sehr gefährlich. Hier verunglückte der arme Delius durch jähen Sturz in die Tiefe.

Von 1852 an arbeiteten die Fumarolen am Kratersaum wieder kräftiger, die Hitze nahm zu und die Niederschläge wurden stärker. In jener Zeit wurden zum erstenmale auf dem Vesuv Ablagerungen von Borsäure beobachtet.

Durch einen Einsturz bildete sich im Dezember 1854 an der Nordostseite ein Abgrund, dem schwacher Rauch entstieg. In Mai 1855 entstand an der Nordseite des Kegels eine Oeffnung mit Lava und Projectilenauswurf. Es bildeten sich längs der grossen Spalte, die bis auf dem Atrio reichte, zahlreiche in einer Linie stehende Bocchen. Dieselben hatten reichen Lavaauswurf, der sich zu einem Strom vereinigend, als Feuercascade über Felsen herunter in den « Fosso Vetrana » stürzte, von da als zweite Cascade in den « Fosso dei Faraoni sprang und weiter nach Massa und St. Sebastiano zu strömte. Ein grossartiges Schauspiel besonders bei Nacht. Die zwei obengenannten Dörfer liegen auf den beiden Rändern des « Fosso di Faraone » und sind, da zur Regenzeit grosse Wasseranstauungen hier vorkommen, durch einer Brücke miteinander verbunden. Als die Einwohner beider Orte das stetige Vordringen der Lava sahen, beschlossen sie, befürchtend die Brücke würde, ein Hinderniss bildend, die Lava in ihrem ruhigen Laufe stören, dieselbe niederzureissen. Doch da der Strom schwächer wurde, liessen die Leute von ihrem Vorhaben ab und zogen sich beruhigt in ihre Häuser zurück. Gegen Mitternacht nun begann die Lava mit erneuerter Kraft ihrem verderbenbringenden Lauf. An der Brücke angelangt staute sie sich an dem ihr entgegengesetzten Hinderniss, stieg in die Höhe, teilte sich auf der Brücke in zwei Arme und drang, nach beiden Seiten sich ausdehnend, Vernichtung um sich verbreitend, heimtückisch in die beiden Dörfer ein.

Das Bild 11 zeigt den Ausbruch vom Observatorium aus gesehen Der Lavastrom währte 27 Tage lang. Nach seinem Stillstand entstanden auf ihm viele Fumarolen, die im Laufe des Sommers wieder verlöschten. Bermerkenswert ist, dass dieser Ausbruch ohne irgendwelche vorausgehende Anzeichen ganz plötzlich begann und dass, der höher liegende Krater ausser durch ganz vorübergehende, schwach erhöhte Tätigkeit, keine Mitleidenschaft verrieth.

Nach einigen Monaten stiess einer der oberen Krater Rauch, vermischt mit Lavafetzen aus. Die Zwischenwand, welche die beiden

Lavastrom mit Eruptionskegel nach dem Atrio zu 1855.
Bild 11.

grossen Krater trennte, nahm ab. Der ganze Kessel füllte sich mit Lava, die sich 1857 einen Weg bahnte und ausserhalb des Kegels abfloss.

Nach einer Beschreibung von Abich vom 6ten Juli 1857 hatten sich Lavacanalmündungen ausserhalb des Kraters gebildet. Ein zäher Glutstrom drang heraus und floss, in die rinnenförmigen Vertiefungen der verschlackten Lava eingesenkt, langsam ab. Der Haupteruptionskanal, welcher die Lava aus der Tiefe des vulkanischen Heerdes emporführte, schien mit dem im Mittelpunkt des grossen Kraters sich erhebenden Kegel in direkter Verbindung zu stehen, indem, derselbe, sowie ein anderer kleinerer Eruptionskegel, als schlotartige Abzugscanäle für die, der flüssigen Lava entströmenden Dämpfe dienten. Die ruhige aber reichliche Dampfentwicklung des grösseren Kegels wurde in unregelmässigen Zwischenräumen durch explosionsartige Erscheinungen unterbrochen. Die dichte Dampfentwickelung schien durch Aspiration vom Schlund aus momentan geschwächt zu werden, und wurde von heftig emporgeschleuderter, halbflüssiger Lava, deren Zerreissen in langen gedehnten Fetzen, dem Zerplatzen einer mächtigen Blase, dieser flüssigen Masse entsprach, gefolgt.

Zugleicher Zeit war durch Ausströmen eines schwach leuchtenden, gasförmigen Stoffes in aufsteigender Richtung eine Rückwirkung deutlich bemerkbar. Nachdem Abich dieses während einiger Stunden beobachtet hatte, kam er zu der Schlussfolgerung, dass dieses sich herausarbeitende Gas, welches eine emporschleudernde Wirkung auf die Lava ausübte, brennbar sei. Der blasse Lichtschein, der aufsteigenden Lava errinnerte an das Brennen von reinem oder schwachgekohlten Wasserstoff, sowie auch von Kohlenoxydgas.

Nach jeder dieser, sich alle 8 bis 10 Minuten wiederholenden Explosionen, entströmte den Kegeln dichter Dampf, die Lava wälzte sich langsam weiter.

Mit diesem stimmt überein, was Palmieri in einem Bericht an die Akademie sagt; nämlich, dass er Mitte Juli 1857 ebendaselbst brennendes Gas wahr genommen habe. Ferner sagt Palmieri, dass das Auftreten von sublimirtem Schwefel auf der glühenden Asche, längs der Spaltenwände darauf schliessen lasse, dass der Vesuv nunmehr in die Phase der Schwefelbildung übergegangen sei.

Im Mai 1858 bildeten sich nach dem Atrio und nach der Ebene « delle Ginestre » zu, zwei neue Spalten. Palmieri war zugegen als dieses geschah. Er schildert uns den Vorgang folgendermassen:

Er bemerkte zuerst eine Reihe von rasch sich öffnenden Fumarolen, dann sah er wie sich ganz plötzlich die Schlackenwände auseinander bogen und Lava langsam herausquoll.

Dieselbe war dicklich wie Stärkebrei oder Polenta und spritzte von Zeit zu Zeit in die Höhe. Nach wenigen Stunden schon war das Bild verändert. Der schmale Lavastreifen hatte sich in einen Feuerstrom verwandelt, dessen Länge mehrere Kilometer betrug. Gegen Mittag desselben Tages ertönte vom oberen Krater her fürchterliches Brüllen, die verschiedenen Bocchen auf dem Atrio erdröhnten, aus Oeffnungen brach ungestüm Lava hervor, die übereinander stürzend in weniger als 20 Minuten drei neue, sofort thätige Eruptionskegel erschuf.

Nach wenig Tagen hörte die Tätigkeit der Bocchen auf. Der Lavastrom dagegen durchströmte die Ebene, « delle Ginestre », den « Fosso Grande » und überschwemmte, nach beiden Seiten das bebaute Land verwüstend, die im Bau begriffene Fahrstrasse. Die Lava staute sich in kurzer Zeit zu Hügeln an und füllte den hundert Meter tiefen « Fosso Grande » so aus, dass derselbe jetzt fast verschwunden ist. Dieser Lavastrom währte bis März 1860.

Der obere Krater blieb thätig, doch in so gelinder Weise, dass niemand ahnte, dass man am Vorabend eines grösseren Ausbruches stehe.

Francesco de Ambrosio Richter in Torre del Greco erzählt nun, dass am 8ten Dezember 1861 um 2 Uhr Mittags die ahnungslosen Einwohner durch ganz entsetzliches aus dem Innern der Erde ertönendes Gebrülle, begleitet von heftigen Erdschwankungen erschreckt worden seien. Dieses dauerte $^1/_2$ Stunde lang, worauf Ruhe eintrat, welche jedoch schon um 3 Uhr durch das sich zugleicher Zeit Oeffnen von 5 Bocchen wieder unterbrochen wurde und unter den gewöhnlichen Erscheinungen von Rauch, Aschen, Steinregen u. s. w. ein neuer Ausbruch begann. Dicht oberhalb von Torre del Greco war eine mit vielen Fumarolen versehene Spalte.

Dieselbe zog sich durch die ganze Stadt bis in das Meer hinein. Man konnte bis auf ein Kilometer weit, an dem, zu der Wasseroberfläche aufsteigenden Blasen das Ausströmen von Kohlensäure beobachten. Beulé berichtet, dass alle Fische, welche in die Nähe dieses Wasserstriches kamen, sofort abstarben.

Am 9ten Dezember bemerkte man, dass sich der Boden von Torre del Greco um einen Meter erhöht hatte. Am 12ten Dezember nahm das Wasser in den Brunnen wieder zu. Dasselbe schmeckte im Folge der Gaseausströmungen sauer, verlor diesen Geschmack, sobald es 24 Stunden der frischen Luft ausgesetzt war, hinterliess aber einen Niederschlag von kohlensaurem Kalk. Die am heftigsten arbeitende Bocca war aus einer Versenkung entstanden.

An ihrer Stelle war ein kleines Häuschen gewesen, dessen Bewohner ein Landmann und seine Frau ruhig am Heerde sassen, als sie plötzlich eine an einem Nagel hängende Kuhglocke sich von selbst bewegen sahen und heftig läuten hörten. Die erschrockenen Leute glaubten an die Anwesenheit eines bösen Geistes. Kopflos stürzten sie aus dem Hause. Doch kaum waren sie einige Schritte fortgerannt, als sie einen grässlichen Lärm hörten. Sie wandten sich um und gewahrten zu ihrem Entsetzen, dass ihr Häuschen verschwunden und an seiner Stelle Rauch und Flammen dem Erdboden entschlugen.

Gegen Abend schmückte die bekannte Pinie den Gipfel des Berges. In den Brunnen von Torre stieg das Wasser so hoch, dass die Leitungen sprangen und das Wasser als wilder Bach dem Meere zufloss.

Die Temperatur einiger in der Nähe des Meeres gelegenen Quellen, stieg bis auf 38° C. Klippen welche gewöhnlich vom Meere bedeckt waren, wurden wasserfrei. Dieses sehend fuhr Palmieri mit einem Boot die Küste entlang, um fest zu stellen ob die Behauptung früherer Schriftsteller sich bestättige, dass das Meer sich bei Eruptionen zurückziehe und niedriger werde. Er fand, dass die senkrechten Uferfelsen, die zum grossen Theil aus Lava vom Jahre 1797 geformt sind, einen 1 $^1/_2$ Meter hohen Gürtel von Algen und Schneckenarten trugen, die nur unterhalb des Wassers wachsen und bestehen können. Weiter fahrend überzeugte sich Palmieri, dass dieser Gürtel seine Maximalhöhe unter Torre del Greco erreiche, von da an nach beiden Seiten hin allmählig abnahm, so dass derselbe, ebensowohl bei Torre di Bassano, als auf der anderen Seite hin bei Granatello nicht mehr bemerkbar war. Aus diesem schlussfolgerte Palmieri, dass es sich hier nicht um ein *Niedrigerwerden* des *Meeres* sondern vielmehr um ein *Aufsteigen des Bodens* handle, wodurch auch zugleich erklärt werden würde, wie es möglich war, dass alle jene Häuser, welche auf der Lava von 1794 errichtet waren, ohne irgendwelch fühlbares Erdbeben zusammengestürzt waren.

In Torre del Greco klaffte an verschiedenen Stellen der Boden. Die Temperatur war an einigen Orten erhöht. Die mephitischen Ausdünstungen waren so stark, dass Palmieri, um durch Verlöschen des Lichtes vor weiterem Vordringen gewarnt zu werden, nur mit einer brennenden Lampe bewaffnet, durch die verödete Stadt ging. Unter den Ausströmungen wurden, ausser Kohlensäure und Schwefelwasserstoff auch Kohlenwasserstoff und freier Wasserstoff beobachtet. Einige Gase rochen wie Petroleum und verpesteten förmlich das Wasser. Lange Zeit nach dem die Brunnen ihren normalen Wasserstand wieder erreicht hatten, behielten sie noch einen wiederlichen Geschmack bei. Die abgestandenen Fische verbreiteten einen entsetzlichen Geruch. Die Professoren Palmieri und Scacchi machten über das Zurückehren des Meeres und das sich Senken des, sich in weniger als 24 Stunden. erhoben habenden Bodens, die sorgfältigsten Beobachtungen. Es stellte sich dabei heraus, dass der Boden nach dem Verlauf eines ganzen Jahres sich immer noch um einige Decimeter senken musste, ehe er sein früheres Livello erreicht haben würde.

. Werfen wir nun einen flüchtigen Seitenblick auf das, von Kaiser Friedrich den II im 12ten Jahrhundert gegründete Torre del Greco. Wie uns Ausgrabungen und Funde beweisen, erhebt es sich, auf, seit über 1 $^1/_2$ Jahrtausende begrabene und vergessene Trümmer.

Seit dem Jahre 1631 wurde es schon 11 mal durch die Wutausbrüche seines grausamen Nachbars verwüstet, ja vernichtet. Trotzdem erblüht es stets wieder von Neuem. Hängt doch der Mensch unlösbar an der Scholle, die er von alter Väterszeiten her, als sein eigen betrachtet. Nichtachtend der Schrecken und Gefahren, die ihm drohen, kehrt er immer wieder zurück zum zerstörten Heerd und baut mit nerviger Hand und kühner Stirn auf der noch heissen Lava sein Heim wieder auf. So erheben sich Kirchen auf Tempel, Strassen auf Strassen, Häuser auf Häuser. — Ueber ihnen wölbt sich der südliche Himmel, ihnen zur Seite rauschen die blauen Fluthen des Meeres, doch unter ihnen da zucken die Eingeweide des Berges, da brennet ein ewig glühendes Feuer, da drohet heimtückisches Verderben.

Während die oben erwähnten excentrischen Krater sich langsam abkühlten und der Hauptkrater sich beruhigte, dauerte die Tätigkeit der Fumarolen weiter fort. Im Februar 1865 zeigte sich abermals Feuer und ein neuer Eruptionskegel begann, sich auf dem Grunde des alten Kraters zu erheben. Vom 11ten März 1867, fing Lava wieder an dem Boden zu entströmen. Die seismographischen Instrumente entwickelten eine grössere Tätigkeit, als es den momentanen Zustand des Vesuvs entsprach. Palmieri betrachtete dieses als Voranzeigen einer bevorstehenden grösseren Eruption.

Im November 1868 riss an der Nordseite des Kegels eine neue Spalte, deren Hauptlavaabfluss sich nach dem Atrio richtete und daselbst in Kürze neue Eruptionskegel erzeugte. Die reichlich fliessende Lava schwoll rasch hoch an und durchfloss den Fosso della Vetrana und den ganzen Fosso Faraone. Der fruchtbare Landstrich la Novella wurde verwüstet. Die Eruption beschränkte sich auf 8 Tage. Die Lava von 1868 legte, nach Palmieri, 180 Meter in der Minute zurück. Es wurden 6 Millionen Meter Cub. Material ausgeworfen.

Der Vesuv wurde im Jahre 1870 wieder lebhafter. Rauch und glühende Lavafetzen wurden, unter heftigem Wind aus einer kleinen Oeffnung im Centralkrater, ausgeworfen. Trotzdem derselbe weiter arbeitete, verwandelte sich dieser Ausbruch in einen excentrischen, indem, sich rasch am nördlichen Saum des Kegelrumpfes ein 20 Meter hoher Kegel bildete, aus dem, wie Palmiere berichtet, mit, noch nie von ihm beobachteter Schnelligkeit, die Lava herausschoss. Dieselbe war so dünnflüssig, dass sie ganz feine Fäden zog. Die Lavafetzen, welche in grosser Menge auf den Berg fielen, zogen ebenfalls lange dünne Fäden nach sich. Professor Scacchi benannte sie daher mit dem Namen « Fadenlapilli. Die Lava hatte nach wenig Tagen das Atrio durchlaufen. Sie war mit einer dichten Schlackenschicht bedeckt, durch welche sie, wie durch ein Sieb hervorspritzte. Diese Schlackenschicht hörte bei der Crocella, wo die Lava unterhalb des Canteronihügels (Observatorium) weiter lief, auf. Es waren nur sehr wenig Fumarolen vorhanden. Nachdem die Lava still stand, erlosch der neue kleine Kegel.

Palmieri bestieg denselben und fand, dass der neue Krater aus stalaktitenartigen Schlacken geformt und mit allerleifarbigen Sublimationen bedeckt war. Die Lava war nur aus Seitenöffnungen hervorgedrungen. Nach kurzer Zeit öffnete sich eine Bocca. Sie schleuderte kleine Geschosse, die herunterfallend einen Kegel bildeten, der in kurzer Zeit dass ganze Innere des Kraters ausfüllte. Sobald dies geschehen war, entquoll der Spitze dieses neuen Kegels wieder Lava.

Palmieri bemerkt, dass er solches zum erstenmale beobachtet habe, indem bei ephemeren sogennanten abenteuerlichen Kegeln, die Lava nicht aus der Spitze, sondern aus der Basis hervorzufliessen pflege.

Der anscheinend erlöschte Kegel wurde im Dezember 1871 wieder lebendig. Zugleich ertönte aus dem Hauptkrater starkes Donnern. Auch zeigten sich an ihm kleine Offnungen. Die Unruhe nahm im Februar 1872 ab, steigerte sich aber wieder zur Vollmondszeit in März.

Eine Spalte riss und eine Reihe Fumarolen bezeichnete die Stelle an der Basis, wo die Lava in das Atrio abfloss. Nach einer Woche stockte dieses, dagegen wurde der kleine Kegel wieder lebhaft, und stiess unter heftigem Donner, Rauch und Lava aus.

Die Seismographischen Instrumente zeigten sich am 23ten April (Vollmondszeit) sehr unruhig. In der Nacht von 24ten April erschien der Berg wie von leuchtender Lava durchzogen. Dieses herrliche Schauspiel dauert nur bis zum nächsten Morgen. Die Lava hörte zu brennen auf und floss langsam von der Basis des Kegels ab. Der

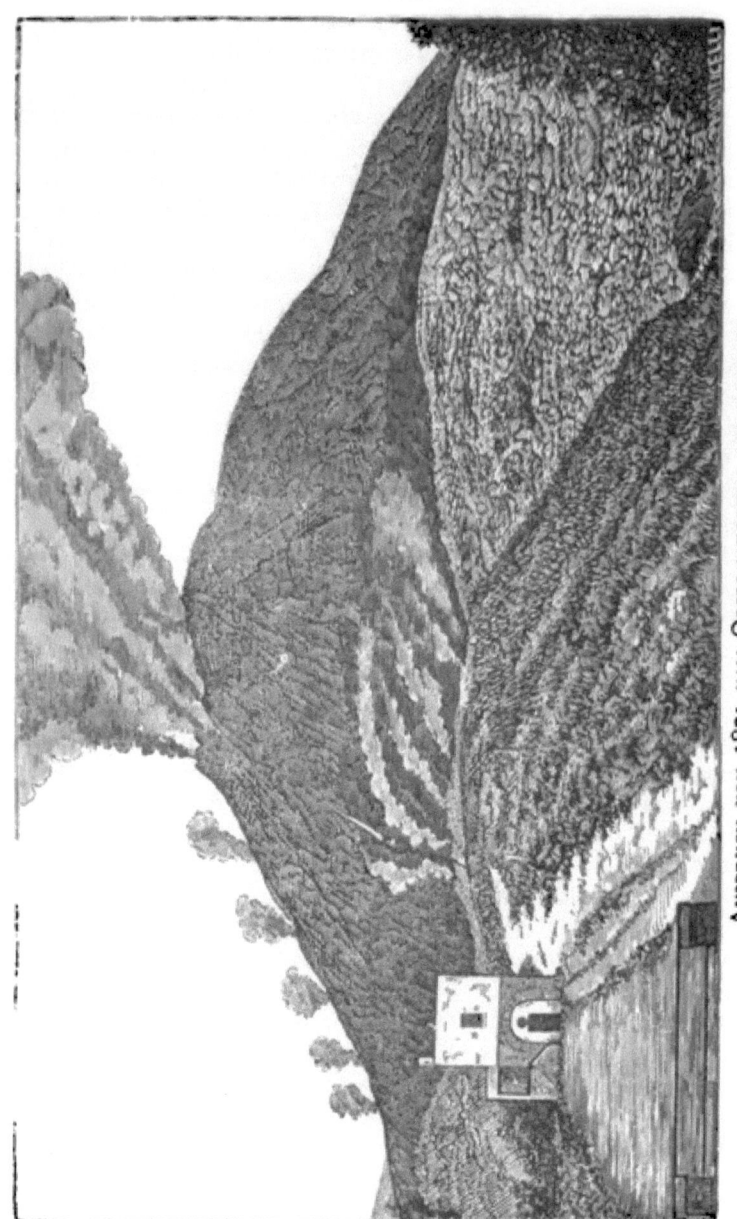

Ausbruch von 1871 vom Observatorium aus gesehen
Bild 12.

Krater beruhigte sich anscheinend, während die Instrumente ausserordentlich lebhaft blieben.

In der Nacht vom 25ten April kamen eine Anzahl von Herrn und Damen um das grausigschöne Schauspiel des glühenden Lavastromes zu bewundern. Wie schon gesagt, war derselbe erloschen und nur ein kleiner von der Basis des Kegels kommender Seitenarm leuchtete noch im Feuerschein. Die enttäuschten Besucher beschlossen sich in dessen nächste Nähe zu wagen. Professor Palmieri riet ernstlich ab, solches zu thun. Erstens führte der Weg dahin, 2 Stunden lang über alte Lavaschlacken, was bei Nacht nicht nur beschwerlich sondern auch gefährlich war, und zweitens liess die Unruhe der Instrumente von einem Augenblick zum anderen einen neuen Ausbruch erwarten. Alle Abmahnungen waren vergeblich, begleitet von unerfahrenen Führeren, verliessen diese Unglücklichen gegen Mitternacht das Observatorium. Sie gelangten um 4 Uhr in die Nähe der brennenden Lava. Kaum angekommen, begann der kleine Kegel mit erneuerter Kraft zu arbeiten und versank ganz plötzlich mit furchtbarem Getöse in dem innern Krater. Zugleicher Zeit brach seitwärts eine Spalte auf. Ein Feuermeer überflutete das Atrio. Von dem oberen Krater stürzten tausende brennende Projectile herunter. So wurden die Unseligen von einem Lavameer überrascht und von Feuergeschossen erschlagen und bedeckt. Nur 2 Leichname und 11 Schwerverwundete von denen die Meisten, teils schon auf dem Transport, teils angekommen in den Spitälern starben, konnten diesem Riesengrab entzogen werden.

Um dem Leser einen annähernden Begriff von der Gewalt der Lavafluthen zu schaffen, ist es nötig ihm eine, wenn auch ungenügende, Beschreibung von Atrio del Cavallo zu geben, und zwar wie dasselbe in den 70er Jahren war.

Dieses Tal, früher der Vallone genannt, soll seinen jetzigen Namen in Folge einer pferdeähnlichen Lavamasse, die jedoch längst nicht mehr sichtbar ist, erhalten haben. Das Tal ist 800 meter breit und 5 Kilometer lang. Es lagert sich bogenförmig, zwischen den Vesuv und den jäh abfallenden, trümmerartigen Felsmassen des Sommas. Als wir dasselbe im Jahre 1876 zum erstenmale besuchten, überbot sein Anblick an schauerlicher Grossartigkeit alles was sich die menschliche Phantasie nur vorspiegeln konnte. Riesenfelspfeiler ragten aus dem Atrio empor, getrennt durch schluchtenartige nicht zu übersteigende Lavakanäle. Aller Vegetation bar, lagen in gigantischen, phantastischen Formen Lavamassen auf Lavamassen gehäuft vor uns. Ein Riesensteinmeer auf dem Todtenstille herrschte, die nur durch grollenden Donner, der aus dem Innerem des Berges klang und dumpfen Wiederhall in dem steinernen Tale hervorrief, sowie das scharf klingende Aufschlagen von Steinen die, sich von den Felsen ablösten, aus beträchtlicher Höhe herab fielen und in kurzen Sätzen weiter sprangen, hie und da unterbrochen wurde. Die geschäftige Phantasie zauberte uns dass entsetzliche Nachtbild vom 26 April 1872, als hier so viele Leben unseliger Neugierde zum Opfer fielen, vor die Seele. Bei dem Gedanken an die Verzweiflung jener Unglücklichen, welche ihren gedankenlosen Leichtsinn mit rettungslosem Verderben büssen mussten, stockte unwillkürlich der Atem, und stand das Herz still voll Mitleid mit ihrem grauenhaften Schicksal.

Doch vergegenwärtigen wir uns nun das Atrio, wie es heute vor uns steht. Wohl sehen wir noch wilde, hochaufeinander getürmte Lavamassen vor uns; allein die früheren Schluchten sind angefüllt teils mit Sand, teils mit neuen Laven. Die Riesenpfeiler haben sich durch Laven untereinander verbunden und bilden nunmehr eine compacte Masse. Hundertfach übereinander gelagerte Lavaschichten füllen das weite lange Tal aus, so dass die früheren Schluchten fast verschwunden sind und daher nicht mehr lange als Abzugscanäle für die verderbliche Flut dienen können und der Zeitpunkt, in welchem die steinernen Feuerwogen auch die bisher so sicher stehende Warte der Wissenschaft umfluten und gefährden werden, nicht mehr so ferne seien wird.

Doch kehren wir nach dieser Abschweifung zum Ausbruch von 1872 zurück.

Die Lava durchraste förmlich das Atrio, den Fosso della Vetrana, und den Fosso di Faraone. Sie teilte sich hierauf in zwei Arme. Der eine verbreitete sich über die Lava von 1868. Der andere verwüstete verschiedene Häuser in Massa und St. Sebastiano und zerstörte vollständig das Dörfchen, welches den Namen des daselbst geborenen so berühmten Malers Luca Giordano trug. Dass einzige Haus, welches unversehrt blieb, ist dassjenige, welches von Luca Giordano bewohnt worden ist.

Nach Palmieris Aussage bot die Nacht vom 26ten auf dem 27ten April eines der grossartigsten Schauspiele dar. Das Observatorium war von zwei Feuerströmen umzingelt, die eine solche Hitze ausströmten, dass der Thermometer auf der Terasse $74°$ C. verzeichnete. Der Hauptkrater warf unter entsetzlichem Brüllen massenhaft Rauch, der von Blitzen zerissen wurde, aus. Zahllose brennende Geschosse, von denen viele auf die Terassen des Observatoriums fielen, durchflogen meteorartig die Luft. Der Kegel selbst wurde nicht nur durch die Feuerflammen, die er ausstiess, sondern auch durch die brennenden Lavafetzen, erleuchtet. Dazu kam noch dass sich tausende von kleinen Oeffnungen am Kegel gebildet hatten, die mit glühender Lava gefüllt den ganzen Eruptionskegel gleichermassen als durchglüht erscheinen liessen.

Palmieri beobachtete, wie auf der ungestüm dahinrasenden Lava ganz plötzlich an drei verschiedenen Stellen vereinzelte Ausbrüche mit Stein und Rauchauswürfen stattfanden. Jede dieser Eruptionen währte bis zu 20 Minuten lang. Man hatte auch von Neapel aus diese Erscheinungen beobachtet und glaubte, als man plötzlich in der nächsten Nähe des Observatoriums eine hohe Säule von Projectilen und Feuergarben aufsteigen sah, dass der Sommawall durchbrochen sei und dass das Observatorium, wo Palmieri mit einigen seiner Assistenten, trotz innständiger Bitten und Abmahnungen ausharrten, vernichtet sei.

Diese merkwürdigen Eruptionen sind noch nicht vollkommen aufgeklärt worden. Palmieri nimmt an, dass dieselben lediglich ein Erzeugniss der Lava und vollständig unabhängig von dem Terrain auf dem sie stattfanden, gewesen seien. Heim dagegen ist der Ansicht, dass, da die drei Ausbruchspunkte unbeweglich in der fliessenden Lava stehen blieben, ihre Ursache nicht in der fliessenden Lava, sondern vielmehr in dem unbewegtem Untergrunde, durch vielleicht sich daselbst befindende Quellen oder Wasseradern, zu suchen sei.

Da wir nun im Besitz einer vorzüglichen Schilderung dieses Ausbruchs, seitens letztgenannten, hochgeschätzten Geologen sind, so fügen wir hier einen kleinen Auszug derselben bei, hoffend, dass der Leser dadurch zu einem lebensvollem Eindruck dieses gewaltigen Schauspiels gelangen wird.

.... « Der Wind blies in den obersten Luftschichten von Norden und bog die gewaltige Rauchwolke an ihrem oberem Ende gegen Süden, wo dann die Aschenmassen sich ausschieden und als dunkle Aschenregenwolken sich senkten. Dort lag es wie schwarzes Gewitter, und zeitweise konnte man die dunklen Streifen der fallenden Asche und des fallenden Regens erkennen. Es kam der Abend, verschwindend klein und niedrig sah der dröhnende Berg unter seiner hohen Rauchwolke aus. Sie gestaltete sich zur wunderschönen Doppelpinie. Die weissen Dämpfe, die den Laven entstiegen breiteten sich hoch über dem Vesuvsgipfel in eine weisse Schichtwolke aus. In der Mitte wurde diese von dem dunklen senkrechtsteigenden Rauch und Dampfstrom des Gipfelkraters durchbrochen. Die Sonne sank, der Schatten stieg höher an der Dampfsäule empor. Hoch oben strahlte des Berges Wolkenkrone ruhig im vollsten Alpenglühen, — erst rotgelb vor dem purpurblauen Himmel, dann in immer tieferem Rot. In Purpurfarbe verglommen die letzten Sonnenstrahlen am Gipfel der immer langsam bewegten Dampfsäule. Drunten aber, wie das helle Sonnenlicht wich, glänzte im kaltbläulichen Schatten umsomehr die Glut, die dem Erdinnern entstammte. Zuerst war sie an den vorschreitenden Rändern der Lava sichtbar geworden und über dem Gipfelkrater zeigten die Dämpfe, von der inneren Glut ausgehend, helle, strahlenförmige Beleuchtung, die sich mehr und mehr zur starken geraden Feuerssäule entwickelte. Man sah, wie die Lava, alles versengend, Abends etwa vor 6 Uhr St. Sebastiano und Massa erreichte und gegen La Cercola vorschritt. Man sah die Bäume in Flammen aufschlagen, die Gebäude von Lava umflossen ausbrennen, zum Teil einstürzen und Rauch und Staubwolken emporquellen. Das Donnergebrüll des Berges dauerte mit einzelnen heftigern Schlägen und Stössen immer gleich fort und in heller Rotglut zeigten sich die Lavaströme vom Gipfel bis zum Fuss. Die Feuersäule aus dem Krater wurde wieder undeutlicher, denn die dichten Aschen und Dampfmassen hatten sich mehr auf dem Berg hintuntergesenkt, in ihnen verlor sich das Glutlicht, so stand der Vesuv die ganze Nacht vom 26ten zum 27ten.

Die Aufregung in Neapel war eine sehr grosse. Auf sonderbaren Wagen getürmt, brachten die zahlreichen Flüchtlinge aus den bedrohten Ortschaften ihre Fahrhabe nach Neapel. Processionen zogen singend durch die Strassen, den grausamen Berg zu beschwören, viel Militär war zur Wahrung der Sicherheit comandirt, dichte Menschenmassen stauten sich wo immer man einen freien Ausblick nach dem Vesuv hatte und « mai mai cosi » hörte man überall ausrufen.

Die Nacht verging ohne besondere Veränderungen. Die Laven bei St. Sebastiano, Cercola, St. Giorgio schritten nur langsam weiter vor. Von Zeit zu Zeit machte den Horizont ein Flächenblitz aufleuchten, der in den Gegenden südöstlich hinter dem Vesuv zuckte, wo die Aschen und Dampfmassen, zunächst vom Winde getrieben herunterregneten, und die Umrissform des Vesuvs zeichnete sich für einen Augenblick am hellen Horizonte ab, sie war sichtlich verändert.

Den 27ten April begaben wir uns mit Hern Professor Guiscardi nach Resina. Zu hunderten begegneten uns die Flüchtlinge mit ihren hochbeladenen Wagen. Selten sah man Gesichtszüge von Verzweifelten, auf allen spiegelte sich die Freude, ihr Leben gerettet zu wissen. Bei den in Resina Zurückgebliebenen waren keine Zeichen wilder Aufregung zu sehen; die Leute waren todtmüde in dumpfer meist stiller Angst. Es gingen, gewiss, ohne jeden begründbaren Anlass die wahnsinnigsten Gerüchte umher, über was Professor Palmieri voraus gesagt haben sollte; auf ein Wort von ihm harrten sie wie auf ein Gotteswort; oder sie knieten in den Kirchen. Es trat uns recht deutlich vor den Augen, wie, in schwacher Stunde der Mensch so gerne geneigt ist die Zügel einem anderen Wesen in abergläubischer Ergebung in die Hände zu legen, um nicht mehr selbst für sein Handeln verantwortlich sein zu müssen, und von wem es dem Erschreckten wahrscheinlich ist, dass er in unmittelbarer Beziehung mit der Allmacht stehe, dem unterwerfen sie sich. So haben die vulkanischen Erscheinungen, die durch ihre Unberechenbarkeit und dadurch, dass an einem Moment das Leben von Hunderten geknüpft sein mag, ohne Zweifel in einzelnen Gegenden die Entwicklung des Menschengeistes gestört. Wo sie zahlreich auftreten, ist die Phantasie auf Unkosten des Verstandes gross geworden. Nur Wissen gibt Geistesstärke und Erlösung.

Heim beschreibt ferner seine am 30ten April stattgefundene Besteigung des Vesuvs und erzählt, dass am Observatorium die Asche, aus erbsengrossen porösen Lavabrocken bestehend, zwei Centimeter hoch gelegen habe. Vom Observatorium aus betrachtet, lag wie Heim sagt « der fast immer rauchende Vulkan wie von der furchtbaren Kraftanstrengung erschöpft dar ». Die Lava hatte sich in Form von Hügeln von 50-100 Meter Höhe zu einem See angestaut. Die Hügel waren Trümmerhaufen, gebildet aus mächtigen Lavablökken (mit einem Durchmesser von über 3 Meter) deren Bruchflächen ganz frisch waren. Aus dem Berg war ein Stück herausgesprengt worden, welches sich als hoher Schutthügel einer neuen Spaltenschlucht vorgelegt hatte, welch letztere wahrscheinlich am 26ten April entstanden und die Ursache der traurigen schon erzählten Katastrophe gewesen war. Der Boden des Atrios hatte sich durch die neue Lava um 6 Meter erhöht. Die Oberfläche der Lava war wildzackig zerrissen. Es wechselten 3 Meter tiefe Furchen mit zerfetzten Hügeln ab. Viele kugelrunde Bomben von meistens einem halben Meter Durchmesser lagen umher. Dieselben bestanden meistens aus älterer ziemlich poröser Lava. Die Wandungen der Blasenräume waren mit kleinen Krystallen bedeckt. Ferner lagen unzählige Nuss bis Faustgrosse Schlackenstücke herum.

Sie bestanden aus einer grünlichschwarzen, blasigschaumigen Glasmasse. Die Glashäute und Fäden waren voller Leucitkrystalle und weissen Knötchen.

Die ausgeworfene Aschen und Schlackenmasse war so gross, dass ein früherer Schlackenkegel darinnen bis zur Spitze begraben war.

An manchen Fumarolenmündungen fanden sich ausser geschmolzenem Kochsalz auch dicke Krystallkrusten von Salmiak vor. Unter grossen Schwierigkeiten gelangten Heim und seine Gefährten bis an den Kratersaum. Sie fanden daselbst, dass statt der frühern vier Gipfelkrater jetzt nur zwei grosse, welche durch eine Lavafelsklippe von einander getrennt wurden, vorhanden waren. Der grössere Krater von circa 200 Meter Durchmesser, war nach Westen, Osten und Süden kreisrund geschlossen und nach Norden durch obenerwähnter Lavafelsklippe von dem kleinern Krater getrennt. Dieser letztere war kreisrund, nach Norden halb offen und von dem neuen Explosionsthal nur durch einen niederen Kamm geschieden. Die Spalte des Explosionsthales sowie die Mittelpunkte der Krater fielen in gleiche Linie. Alle drei Teile waren nach Norden zu unvollkommen geschlossen. Der Centralkraterkamm war scharfkantig. Der ungeheure Trichter von furchtbar steilen, teilweise überhängenden Wänden umgeben. Die Tiefe desselben betrug bis zur Bocca auf dem Grund, ungefähr 150 Meter. Lavagänge zogen sich in vertikaler Richtung fast bis zum Kraterrand hin. Sie waren nicht verzweigt und scharf begränzt. Längs der Kraterränder waren zahlreiche Fumarolen. Die Felsen und Asche waren reichlich mit gelblicen, rothen und weissen Sublimaten bedeckt. Die frühern Gipfelkrater hatten sich in dem grösseren Centralkrater aufgelöst, welcher wiederum aus dem kleinen Krater entstanden sein musste, der sich im März und April so tätig erwiesen hatte. Da eine dicke, schwarze Aschenwolke dem grossen Doppeltrichter entstieg, konnte man die Felsspalten auf dem Grunde desselben nur schwer erkennen. Der immer wechselnde Wind trieb starke Schwefeldämpfe dem Dr Heim und seinen Gefährten derartig ins Gesicht, dass sie sich gewaltsam vom Kraterrande zurückgestossen fühlten. Der obere Theil des Berges war mit Auswürflingen hoch bedeckt. Grobkörnige Asche bildete das überwiegendste Element, doch fanden sich darunter auch zahlreiche Krystallstückchen von Augit, Leucit, Olivin, u. a. m. Am schönsten waren die Leucitkrystalle. Einzelne hatten 5-8 Mm. Durchmesser. Viele waren durchsichtig, farblos, ganz rein mit scharfen Kanten und starkem Glasglanz der Flächen. Es ist sehr auffallend, dass während, die an der Basis des Vesuvskegels ausgetretene Lava nur ganz kleine Leucitpünktchen aufzuweisen hatte, statt dessen von den Gipfelkratern so zahlreiche und grosse Leucitkrystalle ausgeworfen worden waren. Am 6ten Mai rauchte der Krater nur noch schwach und am 8ten Mai erschien der Vesuv wie ganz eingeschlafen.

Im Jahre 1874 gelangte es Palmieri in den Hauptkrater herunterzusteigen. Eine oberflächliche Schätzung ergab, dass derselbe ungefähr 17 Millionen Meter Cub. Rauminhalt hatte. Palmieri schätzte ferner, dass bei dem Ausbruch von 1872 gegen 10 Millionen Meter Cub. Lava ausgeworfen worden seien.

Wenige Worte werden genügen um über die Tätigkeit des Vesuvs vom Ausbruch 1872 an bis auf jetzt zu berichten. Der Vesuv verhielt sich bis 1875 ganz untätig. Dann fingen zuerst die Fumarolen, welche auf dem Kraterrand sind, hierauf auch die, welche sich auf dem Kratergrund befinden, wieder zu rauchen an. Im Dezember 1875 fing die Lava wieder zu fliessen an. Sie füllte den grossen Kessel allmählig aus und erreichte 1878 den Rand, wo derselbe nach Nordosten zu einen Einschnitt hat, welcher im Volksmund mit dem Namen « La finestra » bezeichnet wird.

Während drei Jahre konnte man nun während der Nacht, selbst von Neapel aus den Lavaabfluss sehen. Derselbe hörte 1882 für eine kurze Zeit auf. Die Lava stieg indessen im Innern des Kraters weiter, bis sie den ganzen sich 1872 geformt habenden Kessel gefüllt hatte und dann von der Spitze aus, sich nach Pompeji zu, ergiessen konnte. Dieses herrliche Schauspiel dauerte 6 Jahre. Es entquoll eine solche Masse von Lava, dass sich die äussere Gestalt des Vesuvskegels in den letzten Jahren sichtlich geändert hat. Vorübergehend zeigten sich auch unbedeutende Lavaergüsse auf der Seite nach Neapel zu. Seit 1890 hat sich auf der Stelle auf dem Atrio, wo am 26ten April 1872 so viele Menschen verunglückten eine neue Bocca gebildet, welche eine fortwährende wenn auch mässige Tätigkeit entwickelt. Der ständige Lavaauswurf hat das Livello des Atrios um ein beträchliches erhöht und seine frühere Gestalt ganz verändert.

Zugleicher Zeit hatte sich im grossen Krater ein neuer Kegel gebildet, der jedoch im Jahre 1891 wieder in sich zusammenbrach.

Augenblicklich bietet der Vesuv folgendes Bild dar. Aus dem grossen Gipfelkrater erhebt sich ein neuer Eruptionskegel. Derselbe hat sich im Laufe weniger Monate entwickelt, steht ganz frei, hängt an keiner Seite mit den Kraterwänden zusammen und überragt den Kraterrand schon um circa 40 Meter. Er entwickelt ziemliche Tätigkeit und ist es daher anzunehmen, dass sich in Kürze die Katastrophe von 1891 wiederholen wird, d. h.: dass, dieser Neukegel, der gewaltsam aufsteigenden Lava keinen Widerstand leisten könnend, zusammen stürzen und dem Kraterbecken als Ausfüllung dienen wird.

Stellen wir uns nun im Geiste auf die Spitze des Vesuvs und werfen wir zum Schluss noch einen letzten Blick auf dass grossartige Schauspiel, welches uns die hiesige Natur bietet. Unser Auge schweift zum Abschied, noch einmal über Lavaschluchten, Täler und Felder.

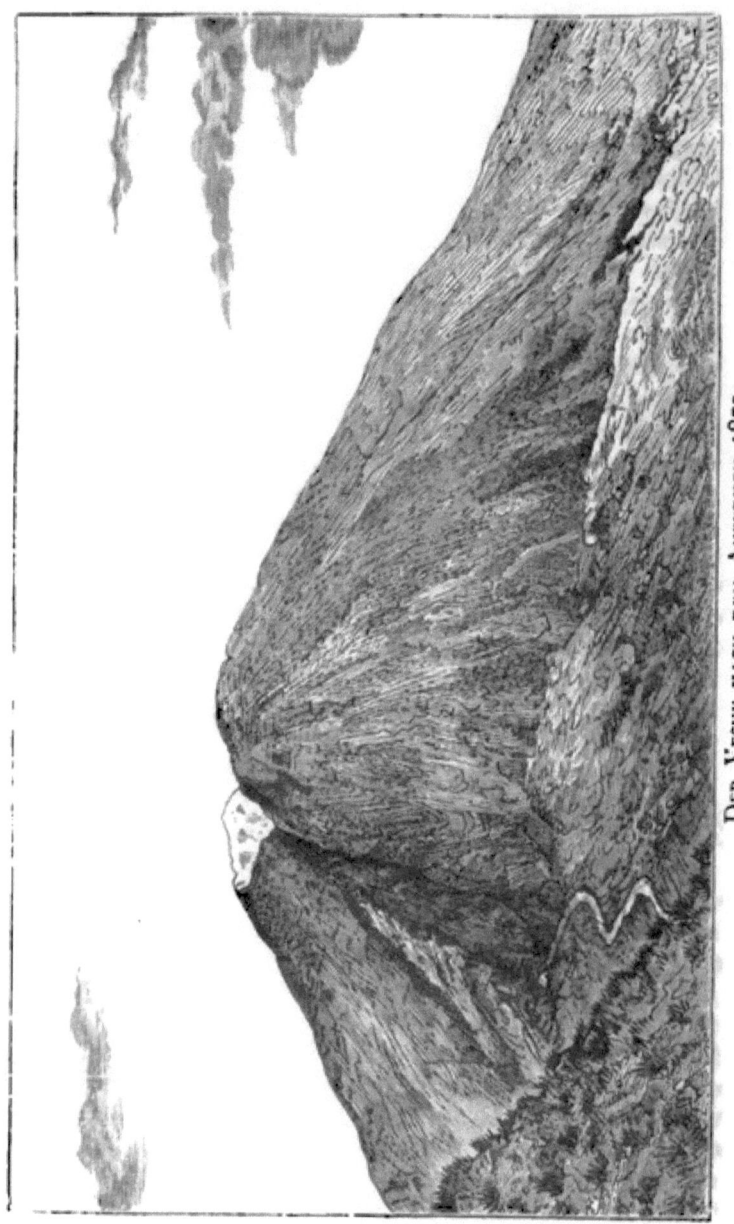

Der Vesuv nach dem Ausbruch 1872
Bild 13.

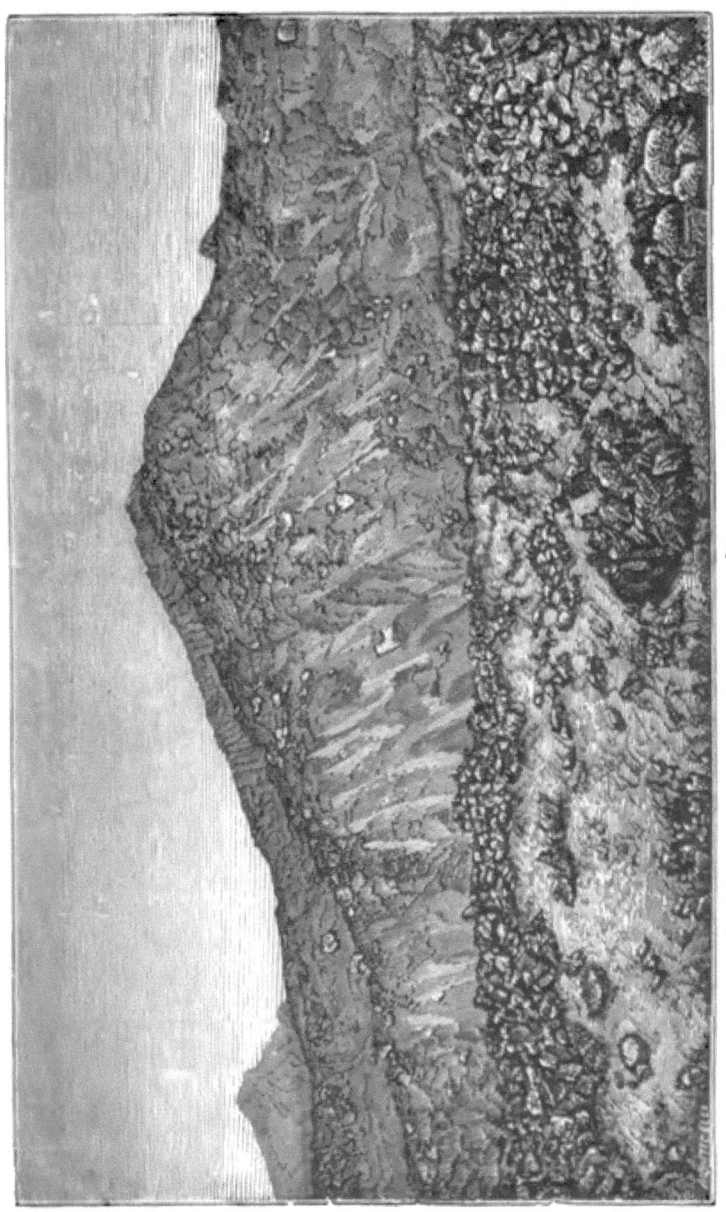

Der Vesuv nach dem Ausbruch 1872 von Atrio aus gesehen.
Bild 14.

Bald als breiter Strom, bald als gigantische Felsblöcke, hochübereinander gestürzt, in wilden, gewaltigen Formen, Täler ausfüllend zu Hügeln anwachsend, sehen wir die Lava vor uns, die uns erzählt von dem was hier geschehen im Laufe der Jahrhunderte—Jahrtausende. In weiter Ferne, an ganz vereinzelten, Stellen spriesst spärlich vesuvianisches Moos hervor. Mit gar schwacher Stimme verkündigt es uns, dass Lebensfähigkeit unter der Lava wieder erwacht. — Doch—wieviel Jahrhunderte werden noch vergehen, ehe der schwache Lebenskeim sich zur voller Kraft entwickeln kann? Und jene Säule des Rauches, die auf der Spitze des Kegels tront, das plötzliche Donnern — das dumpfe Grollen, welches aus den innersten Tiefen des Berges bis zu uns dringt, sie alle mahnen uns mit schauerlichem Tone daran, dass der alte Hephästos noch lebt — dass er nur leise schlummert in seiner Schmiede und wenn plötzlich im Zorne erwacht, dann mit gewaltigen Feuern seine Essen wieder heizen wird.

Finis

AUSBRÜCHE

Jahr n. Chr.	79	. . . .	Seite	16
»	203	. . . .	»	23
»	243	. . . .	»	24
»	305	. . . .	»	»
»	326	. . . .	»	»
»	471	. . . .	»	»
»	512	. . . .	»	»
»	685	. . . .	»	»
»	993	. . . .	»	»
»	1036	. . . .	»	»
»	1049	. . . .	»	»
»	1138 - 1139	. . . .	»	»
»	1306 ?	. . . .	»	25
»	1500 ?	. . . .	»	26
»	1631	. . . .	»	28
»	1660	. . . .	»	30
»	1694	. . . .	»	32
»	1696	. . . .	»	»
»	1697	. . . .	»	33
»	1698	. . . .	»	»
»	1701	. . . .	»	»
»	1707	. . . .	»	34
»	1713 - 1733	. . . .	»	»
»	1737	. . . .	»	»
»	1751	. . . .	»	35
»	1754	. . . .	»	»
»	1759	. . . .	»	»
»	1766	. . . .	»	37
»	1771	. . . .	»	38
»	1779	. . . .	»	»
»	1794	. . . .	»	40
»	1804 - 1822	. . . .	»	43

Jahr n. Chr. 1839-1850	Seite	45
„ 1855	„	47
„ 1858	„	49
„ 1861	„	50
„ 1868	„	52
„ 1870	„	53
„ 1872	„	„

Verzeichnis der, dieser Schrift zu Grunde gelegten, Werke

ABICH. H — Ueber den Ausbruch des Vesuvs 1857. (Berlin).
ACRICOLA G. — De Natura eorum quae effluunt a terra 1545.
ALVINO FR. — Eruzione del Vesuvio dell'anno 1794.
ARACRI GREG. — Relazione della pioggia di cenere avvenuta in Calabria ulteriore 27 marzo 1809.
ARCONATI DI VISCONTI — Appunti sull'eruzione del Vesuvio 1867 - 1868.
AULDJO J. — Sketches of Vesuvius with short accounts of its principal eruptions. London 1833.
BARONIUS — Vesuvi montis incendium Napolis 1633.
BEULÉ — Le drame du Vésuve Paris 1868.
BRACCINI I. C. — Dell'incendio fattasi nel Vesuvio 16 di Dic. 1631, e delle sue cause ed effetti Napoli 1632.
BREISLAK SCIPIO E WINSPEARE ANT. — Memoria sull'eruzione del Vesuvio accaduto la sera di 5 giugno 1794 Napoli.
BULLIFON A. — Lettere memorabile Napoli 1693.
CERASO FR. — L'opere stupende e maravigliosi eccessi della natura prodotti nel monte Vesuvio della città di Napoli 1632.
COLLETTA P. — Storia del reamo di Napoli. Capolago 1838.
CRONACA dell'Anonimus Cassinensis.
DAMIANO S. PIER — Narrativo breve de maravigliosi esempi occorsi nell'incendi del monte Vesuvio circa 1038.
DAUBENY — Eruption of Vesuvius Napoli 1834.
DE BOTTIS — Dell'incendio del Monte Vesuvio accaduto nel mese di Ottobre del 1767 Napoli.
DIODORUS SICULI — De antiquitatis.
DIONIUS CASSIUS — Historia Romana.
FUCHS — Vulkane und Erdbeben 1881.
    • Volcani e terremoti Milano 1881.
GALENUS — Scripta minora.
HAMILTON SIR. W. — Observations on mount Vesuvius and mount Etna London 1774.
HAMILTON SIR. W. — An account of the last eruptions of Vesuvius London 1774.

Heim Alb. — Der Ausbruch des Vesuvs im Jahre 1872, Basel 1873.
Leone Ambrogio — Storia di Nola e del Vesuvio Venezia 1517.
Lucretius Carus — De rerum natura.
Mauri Aless. — Memoria sull'eruzione Vesuviana di 21 Ottobre 1822 Napoli.
Martino de Cesare — Osservazioni giornali del successo del Vesuvio dalli 16 Dicembre 1631 sino al 20 Aprile 1632.
Macrino G. — Vesuvio Napoli 1693.
Mecatti G. M. — Racconto Storico filosofico del Vesuvio 1752.
» Osseravazioni fatta sopra il Vesuvio del mese di Marzo 1752-1754.
Monitio C. — La taglia ove si continua la fiasca con le lacrime del Vespo furioso Napoli 1647.
Monticelli — Storia di fenomeni del Vesuvio avvenuta negli anni 1821-1822 e parte del 1823 Napoli.
Neumayer — Storia Naturale, volume 1°, 3, Milano.
Olivieri G. M. — Breve descrizione istorica fisica dell'eruzione del Vesuvio di 15 Giugno 1694.
Onofrio Arcangelo — Relazione ragionata dell'eruzione del nostro Vesuvio nel dì 15 Giugno 1794. Napoli.
Ordinaire C. N. chanoine-Histoire naturelle des volcans. Paris 1737.
Palmieri Luigi — Memoria sull'incendio Vesuviana del mese di Maggio 1855.
» Alcune osservazione sulla temperatura delle fumarole 1857.
» Il Vesuvio e la sua storia Milano 1880.
Parrino Domenico A. — Narrazione dell'eruzione del Vesuvio nel 1694. Napoli.
Parrotti A. — Discorso astronomico sopra di quattro ecclissi del 1642. Napoli.
Philipps John — Vesuvius Oxford 1869.
Pigonatti Andr. — Descrizione dell'eruzione del 19 Ottobre 1767. Napoli.
Plinius C. Sec — Epistularum.
Porratta Spinola — Discorso sopra le origine dei fuochi gettati del Vesuvio Lecce 1632
Plutarchus — Moralia.
Procopius Cesare — De bello Gothorum.
Rath vom — Der Vesuv. Berlin 1873.
Recupito G. C. — De Vesuviano incendio 1632.
» Relazione dell'incendio del Vesuvio seguito 1682 del 14 di Agosto sino ai 26 dell'istesso. Napoli.
Roth I. — Der Vesuv und die Umgebung von Neapel Berlin 1857.
Scacchi Arc. — Storia dell'eruzione del Vesuvio Napoli. 1848.
Schmidt I. F. I. — Vulkanstudien. Leipzig 1870.
» Die Eruption des Vesuvs im Mai 1855. Wien, Olmütz 1856.
Scrope Poulett — Ueber Vulkane. Berlin 1872.
Sorrentino — Istoria del Monte Vesuvio. Napoli 1734.

Serao Fr. — Storia dell'incendio del Vesuvio. 1737 Napoli.
Sigonius — De Impero occidentalis.
Sigonius — De Regno Ital.
Strabonis — Geografia.
Suetonius C. — Caesarum XII Vitae.
Supo Pater — Giornale dell'incendo del Vesuvio dell'anno MDCLX con le osservazione matematiche. Roma. presso De Lazzari.
Supo Pater — Continuazione del prossimo incendio del Vesuvio con gli effetti delle cenere e pietre da quello vomitato e con le dichiarazione ed espressione delle croce meravigliose apparsi in varii luoghi dopo l'incendio Napoli Giovanni Francesco Paci 1661.
Tata abate — Relazione del grande incendio del Vesuvio successo nel giorno 8 del mese di Agosto 1779. Napoli.
» Relazione dell'ultima eruzione del Vesuvio nella sera del 15 Giugno 1794. Napoli.
Torre della Gio. M. Prof. — Storia e fenomeni del Vesuvio 1755 Napoli.
Torre della Duca — Lettera prima e lettera seconda sull'eruzione del Vesuvio di 15 Giugno 1794 Napoli.
Vitruvius Mart. — De architettura.
Xifilinus — Storia Romana.

Anzeigen vom Annoneenbureau

von

HAASENSTEIN & VOGLER

Grand Hôtel de Milan

MAILAND   J. SPATZ
               Besitzer

LIVORNO GRAND HOTEL
J. SPATZ, BES.   F. BOTTACCHI, DIR.

VENEDIG GRAND HOTEL
J. SPATZ & A. PIANTA, BES.

Pianta & Merli, *Directoren.*

CLOROFILLA

Das beste chemische Erzeugniss zur Förderung des Haarwuchses ist unstreitig, dieses, von dem Chemiker A. Menarini bereitete Haarwasser.

Zerstört unfehlbar jegliche Schuppenbildung.

Zu beziehen.

FARMACIA INTERNAZIONALE
4, Via Calabritto, Neapel

NEAPEL

GRAND HOTEL

ALFRED HAUSER, Besitzer

L. D'EMILIO'S

FARMACIA INTERNAZIONALE
Deutsche Apotheke
NEAPEL — 4, Via Calabritto — NEAPEL

RECEPTE WERDEN AUFS SORGFAELTIGSTE ZUBEREITET

HOMOEOPATHISCHE MITTEL

Directer Bezug von deutschen Specialitäten und Mineralwassern

Hotel Continental

Besitzer: R. WAEHLER

NEAPEL  NEAPEL

Deutsches Haus mit prachtvoller Aussicht auf Meer und Vesuv.

Personenaufzug, elektr. Beleuchtung Mässige Preise. Pension.

NEAPEL

DETKEN & ROCHOLL, DEUTSCHE BUCHHANDLUNG

Piazza del Plebiscito, gegenüber vom Kgl. Schloss

Reiche Auswahl Deutscher Literatur — Baedeker's und Meyer's Reisebücher — Sprachführer-Grammatiken - Wörterbücher — Pläne v. Neapel, Umgegend, Pompeji — Buchbinderei in Pompejanischen u. Römischen Stile — Leihbibliothek-Journale.

Ausgezeichnete Lage nach Süden mit **prachtvoller Aussicht auf den Golf und den Vesuv.** In der Nähe vom Hafen und vom Steueramt. Wintergarten, Lesezimmer, Rauchzimmer. Personenaufzug, Luftheizung. **Mässige Preise.** Table d'Hôte wird an einzeln Tischen servirt. Restaurant.

Delvitto, Poggiani & Campione
Besitzer

GEBRÜDER ERRICO

EIGENE FABRIK FÜR

Corallen, Schildpatt, Cameen

UND LAVA SCHMUCKSACHEN

———※———

SPECIALITÄT

IN MAIOLICA UND KUNSTSACHEN

9, 10, 11 *Galleria Umberto I*

NEAPEL.

Haus in New-York Broadway, 862

Atelier 72 S. Lucia

SORRENTO

HOTEL TRAMONTANO
HOTEL TASSO
HOTEL & PENSION SYRENE

G. TRAMONTANO, *Besitzer.*

STRESA *(am Lago Maggiore)*

HÔTEL DES ILES BORROMÉES

Haus I Ranges sehr comfortable, Personenaufzug, grosser Garten, Prachtblick auf den See.

DEUTSCHER ARZT IM HAUSE

Gebr. Omarini
Besitzer